Enquanto estás a caminho

(Romance Espírita)

Enquanto estás a caminho

ANA CECÍLIA (ESPÍRITO) / LIZARBE GOMES (MÉDIUM)

LACHÂTRE

Instituto Lachâtre
Rua Dom Bosco, 44, Mooca – CEP 03105-020
São Paulo – SP
Telefone: 11 2277-1747
Site: www.lachatre.org.br
E-mail: editora@lachatre.org.br

Programação Visual da Capa
Fernando Campos

1ª edição – Março de 2019
Do 1º ao 2.500º exemplar

Esta edição foi impressa pela Assai Gráfica e Editora Ltda., São Bernardo do Campo, SP, em formato fechado de 155x225 mm e com mancha de 120x185 mm. Os papéis utilizados foram o Off White RB LD 70 g/m^2 para o miolo e o Cartão Supremo 300 g/m^2 para a capa. O texto principal foi composto em Berkeley 12/14,4, as citações, em 10/12 e os títulos, em Bodoni 34/40,8.

Impresso no Brasil
Presita en Brazilo

---

cip-Brasil. Catalogação na fonte

Gomes, Lizarbe
Enquanto estás a caminho / Lizarbe Gomes (pelo espírito Ana Cecília) – 1ª ed. São Paulo, SP: Lachâtre, 2019.

208p.
ISBN: 978-85-8291-074-0

1.Espiritismo. 2.Romance espírita. 3.Psicografia. I. Título.

cdd 133.9 cdu 133.7

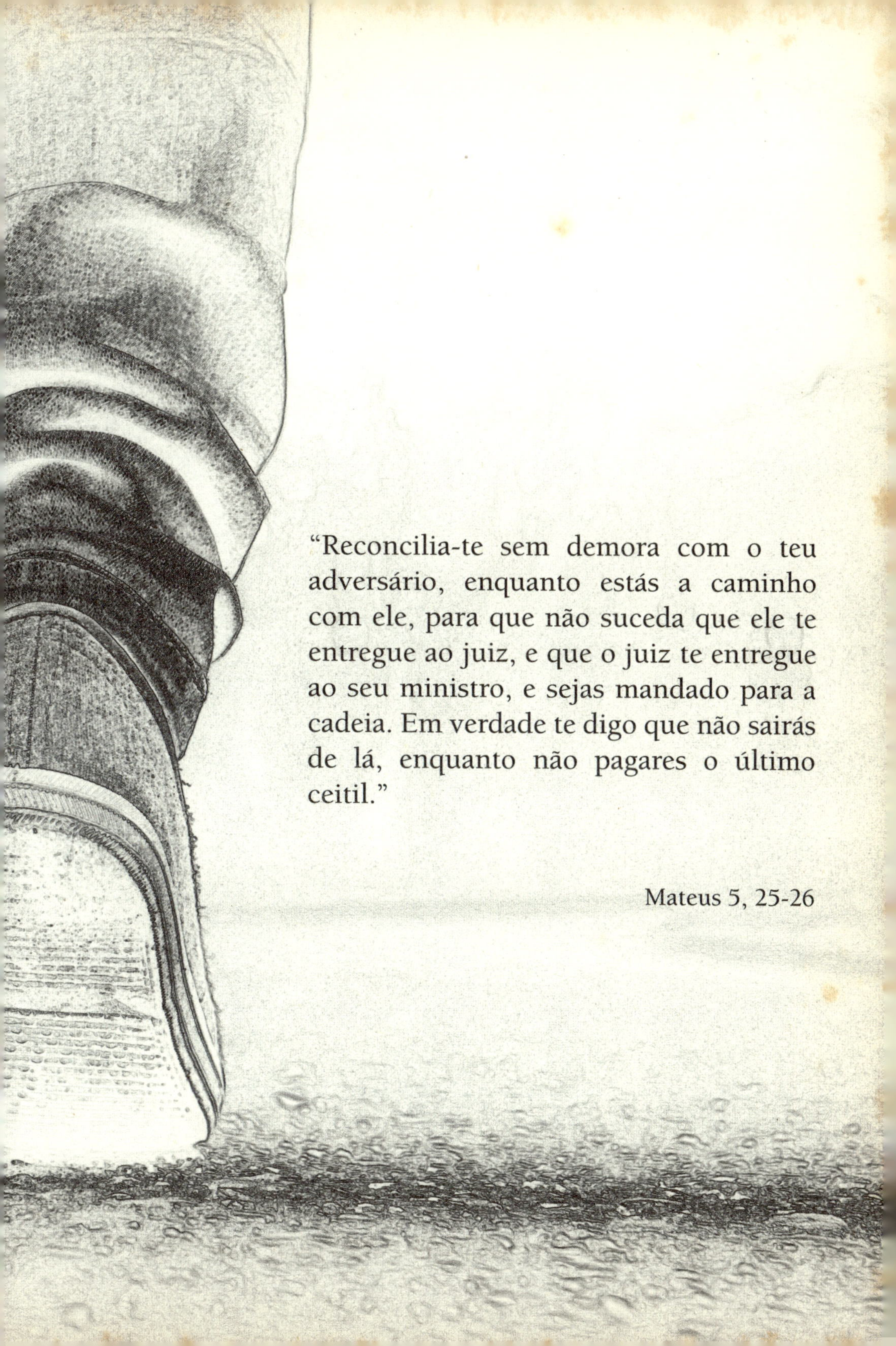

"Reconcilia-te sem demora com o teu adversário, enquanto estás a caminho com ele, para que não suceda que ele te entregue ao juiz, e que o juiz te entregue ao seu ministro, e sejas mandado para a cadeia. Em verdade te digo que não sairás de lá, enquanto não pagares o último ceitil."

Mateus 5, 25-26

"Aproveita o tempo para ouvir e aprender... Para ver a beleza que nos rodeia e demonstrar afeto... Para criar doces recordações e apreciar momentos especiais! Aproveita o tempo para acreditar nas tuas próprias capacidades!"

Rabindranath Tagore

Apresentação

Prezados amigos,

A Doutrina Espírita nos convida permanentemente a entendermos os desafios, percalços, desapontamentos e insucessos como resultados de nossas próprias escolhas e decisões. Assim também recebemos o convite à superação, o encorajamento frente aos resultados desanimadores, a certeza de que logo mais adiante poderemos ser bem sucedidos.

Essa certeza também se faz presente nos ensinos do Consolador Prometido. Sendo assim, tais ensinos também podem ser encontrados nesta obra, carinhosamente elaborada e a nós oferecida por nossa estimada Ana Cecília, dedicada estudiosa dos assuntos referentes à alma.

Com linguagem singela e espontânea, como expressão do seu modo de ser, a querida amiga nos apresenta histórias de superação frente às adversidades, renova nossas esperanças e aponta-nos sempre a possibilidade do recomeço, em suas narrativas marcadas por profunda ternura.

Apresenta-se ela como minha pupila quando, na verdade, muito tenho aprendido consigo. É justamente essa a riqueza maior da existência: a oportunidade de aprendermos constantemente uns com os outros em regime de solidariedade.

Apreciadora da música e da poesia, Ana Cecília traz-nos seu toque peculiar ao incluir, vez ou outra, trechos de letras de músicas e versos que se coadunam perfeitamente com o assunto tratado.

Com imensa alegria, atendo a seu convite de apresentar aos leitores o resultado de mais um trabalho de nossa equipe. Agora é a vez de Ana Cecília que, bondosamente, me incluiu entre seus personagens para contar um pouco de nosso trabalho.

Acima de tudo, todos nós somos gratos ao Criador por nos permitir continuar oferecendo nossa parcela de colaboração para que a luz não fique oculta sob o alqueire, mas esteja ao alcance de todos e nos ilumine enquanto estamos a caminho!

Fernando
(espírito)

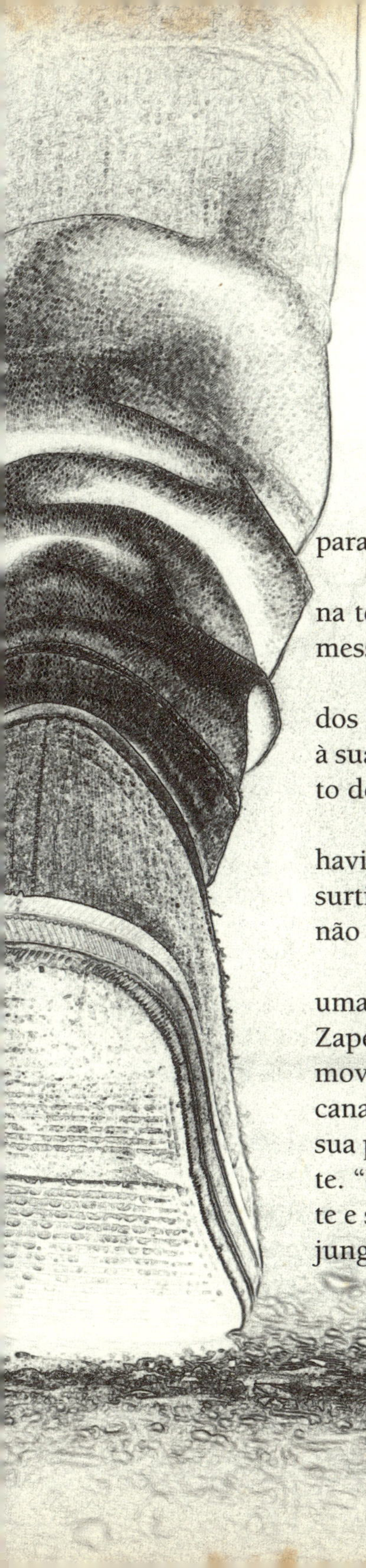

1

Tão logo a irmã saiu do quarto, Viviana atirou para o lado o livro que usara como escudo.

Até então, fingira estar concentrada na leitura, na tentativa de se esquivar das duras palavras arremessadas por Silvana.

Sim, a irmã entrou e lançou palavras como dardos na esperança de despertar a mais jovem quanto à sua responsabilidade na continuação do tratamento de reabilitação.

Inútil! Saiu dali com a impressão de que tudo havia sido inútil. Tudo o que lhe falara parecia não surtir efeito algum. Era como semear em terreno não lavrado, palavras jogadas ao vento.

Viviana, a seu turno, ligava a televisão, mais uma vez buscava um programa para se distrair. Zapeava os canais. Num deles, uma bailarina fazia movimentos graciosos e precisos. No próximo, um canal de esportes apresentava uma partida de vôlei, sua paixão! Em outro, um casal dançava alegremente. "Enfim, a vida era movimento", pensou ela, triste e sofrida, ao lembrar-se de sua condição de jovem jungida ao leito, privada da capacidade de andar.

Por quanto tempo? Era uma incógnita. Nem mesmo os especialistas sabiam precisar em quanto tempo Viviana poderia recuperar o movimento dos membros inferiores. Dependia muito de seu empenho no tratamento. E era justamente isso que, na visão de muitos que a acompanhavam, estava faltando: acreditar e lutar com afinco pela própria recuperação.

A jovem de 22 anos deplorava o próprio estado. Por fim, um dos canais apresentou um intérprete que cantava a conhecida música do compositor Cartola: "Ah corre e olha o céu, / Que o sol vem trazer / Bom dia".[1]

Neste instante, Viviana desistiu de assistir a TV. Desligou e jogou o controle remoto para o lado. Lágrimas brotaram de seus olhos! A lembrança do paizinho amado veio a sua memória. Ele entrando no seu quarto para despertá-la, com seu sorriso lindo, uma bandeja caprichada com seu pão, suco e biscoitos preferidos. Assim ele a acordava aos finais de semana, cantando a música que há pouco era apresentada na TV.

Há quanto tempo não o via! Saudades sem fim do pai! Por certo se soubesse do que lhe ocorrera, já teria vindo ficar ao seu lado. Por onde andaria? Vicente, espírito aventureiro e independente, costumava ausentar-se por meses, velejando pelo mundo, esquecido de tudo e de todos. Fazia isso desde que as filhas haviam completado a maioridade. E, por certo, não havia ainda sido informado do grave acidente que quase vitimou a mais jovem.

Viviana admirava esse espírito aventureiro do pai e, de certa forma, parecia-se com ele. Já Silvana sempre teve dificuldades em lidar com essas características do temperamento paterno e não foram poucas as discussões que ocorreram em todas as vezes em que ele simplesmente comunicava as suas longas ausências para sair mundo afora.

Silvana, na cozinha, também lembrava dele. Mais uma vez tentava chamar a irmã à razão. Tomava um copo d'água buscando se refazer da emoção dos minutos anteriores e comentava consigo mesma:

1 Música "Corre e olha o céu".

– Egoístas, insensatos... Só pensam em si mesmos... E eu tentando pôr um pouco de juízo e bom senso na cabeça dessa família! Até quando, meu Deus? – bradava ela em seu silêncio eloquente.

Na verdade, Silvana sofria por não saber mais quais palavras usar, quais atitudes tomar para tirar Viviana do abatimento que a envolvia e era tão prejudicial para sua recuperação. Apesar dos prognósticos favoráveis, ela parecia não acreditar na possibilidade de voltar a andar.

Os últimos meses haviam sido difíceis e Silvana ansiava pela chegada da mãe, que morava no interior, para dividir com ela os cuidados com a paciente teimosa e irascível.

As duas irmãs viviam há três anos na capital paulista por força dos estudos. Silvana já estava cursando o último ano de Engenharia e Viviana havia ingressado no curso de Jornalismo.

Em momentos como aquele, a nostalgia castigava o coração da primogênita e ela recuava no tempo, saudosa da época de infância vivida na fazenda onde haviam crescido na companhia dos avós, em Campos do Jordão. Vontade de sair da vida agitada e confusa e cavalgar sem rumo pelas paisagens amadas. Entendia que também para a mãe era difícil deixar aquele estimado recanto para se deslocar até a cidade. Todavia, era urgente e necessário. Ou a mãe chegava para ajudar ou ela sucumbiria devido à pressão de ter que cuidar de uma enferma tão rebelde, ainda que fosse sua adorada irmã mais nova, que nascera seis anos depois dela.

Sentia-se exaurida, no limite das forças. Especialmente naquele dia em que, ao chegar ao apartamento, encontrou o fisioterapeuta que lhe comunicou haver sido dispensado por Viviana.

–Dispensado? Como assim? – indagou ela, confusa com o que ouvia.

– Sim, pode acreditar – completou ele. – Viviana não quer mais os meus serviços porque não acredita que vai andar, que está sendo inútil, suas dores aumentaram e de nada adiantaram meus argumentos. Converse com ela com calma e entre em contato comigo. Eu continuo à disposição – despediu-se ele, educadamente.

No entanto, Silvana, entre perplexa e aborrecida, ignorou completamente a recomendação de "conversar com calma" e entrou abruptamente no quarto, com se disparasse uma metralhadora:

– Viviana, se você não se ajudar, ninguém poderá ajudá-la! Quantas vezes preciso lhe dizer isso? Não adianta nada você ficar em cima dessa cama com autopiedade se recusando a acreditar que pode sair daí. Sem a fisioterapia, isso será mais difícil ainda! De nada adiantam nossos esforços se você não acreditar! Não piore mais as coisas! Você teve uma segunda chance, trate de aproveitar!

E vendo a outra com o nariz enfiado no livro, sem dizer uma palavra, concluiu, profundamente irritada:

– Você está sendo cruel consigo mesma e retardando ainda mais o tratamento. Se é assim que quer, assim será, mas a responsabilidade é toda sua. A hora de agir é agora. Depois será tarde demais e você sabe disso!

Bateu a porta e saiu enfurecida rumo à cozinha.

No quarto, Viviana enxugava as lágrimas, maldizendo mais uma vez a vida.

Simplesmente não sabia mais como agir. Tudo se transformara tão repentinamente e ela se via perdida, zonza com todas as modificações impostas. Reconhecia todo o esforço da irmã que não a desamparara um só instante. Porém, as incertezas e desconfortos que a limitação impunham a deixavam com profundo desalento e suas ações eram impensadas. Tantas vezes acusou o pai de ferir aqueles que mais o amavam e agora estava adotando a mesma conduta em relação a Silvana.

Se ela chegasse ali de novo, por certo pediria desculpas. Mas já imaginava a irmã sentada na cozinha a imprecar contra a família inteira. Era o que costumava acontecer em momentos como esses. Silvana sempre deu a impressão de se sentir uma estranha no próprio meio familiar apesar de ter, por todos, imenso amor. Era dedicada, responsável e ponderada, enquanto os pais e a irmã eram impetuosos e, muitas vezes, inconsequentes.

Era disso que Viviana, em seu leito, recordava quando ouviu o toque da campainha. Entediada, virou a cabeça para o lado imaginando: "Ah não, tudo agora, menos visita. Não quero ver ninguém."

De súbito, dois toques suaves na porta. Ela reconheceu e disse:

– Entra, Ângela, meu anjinho!

De fato, quem olhasse para Ângela diria estar diante de um anjo que escorregou do céu por um descuido. A menina de seis anos de idade, loira, cabelos cacheados, olhos azuis, abriu a porta devagar e cumprimentou a amiga tão querida. Trazia uma pequena sacola.

O sorriso da menina reanimou Viviana, que disse:

– Meu amor, o que você traz aí?

Ângela, com ar maroto, respondeu:

– Dois iogurtes. A mãe disse que você gosta e hoje trouxe outra coisa pra lhe mostrar...

A mãe dela era vizinha das estudantes e, sempre que possível, auxiliava Silvana nos cuidados com a acamada.

– Não me diz que é um livro cheio de histórias divertidas! – arriscou Viviana, já convidando a pequena a sentar ao seu lado.

– Acertou! – respondeu ela com lindo sorriso!

E, por cerca de meia-hora, Ângela fez companhia à amiga querida, alegrando um pouco mais o seu dia!

Não demorou muito para Silvana ouvir as risadas das duas. "Coisas de outras vidas", dizia Agnes, a mãe da menina, ao perceber a afinidade existente entre elas. Notava que a filha nem sempre era expansiva com todos. Viviana ganhara seu coraçãozinho. Ao saber do acidente da amiga, a pequena ficou muito triste. Tiveram que ter muito tato para contar-lhe que a paciente ficaria um tempo sem poder andar. Na primeira vez que tornou a vê-la, a tristeza estampou-se em seus belos olhos claros. No entanto, aproximou-se de Viviana e disse, bastante convicta:

– Você vai ficar boa e nós vamos andar muito de *bike* no parque!

Aquela simples frase, vinda com tanta ternura de um coração puro, serviu para dar novo ânimo à convalescente. Ela, que nos últimos dias ouvira tanto de tantos, agora parecia haurir forças daquelas doces palavras: andar de *bike* no parque.

Era hora da medicação e Silvana mais uma vez dirigiu-se ao quarto da irmã.

Entrou e viu as duas fantasiadas, num improviso, como as personagens da história. Não conteve o riso. Logo Ângela criou uma vestimenta exótica para Silvana entrar na brincadeira.

Quando Agnes bateu à porta para saber de Viviana e buscar a filha, pareceu-lhe, por alguns instantes, que estava chegando a um baile à fantasia. Porém, não se surpreendeu totalmente. Sabia o quanto momentos de descontração como esse estavam fazendo falta na vida das duas irmãs, transformada tão repentinamente. Agnes sempre as incluía em suas orações e, solícita, ajudava no que fosse possível, embora ela também tivesse suas lutas a travar.

– Obrigada por nos emprestar sua anjinha, Agnes! A visita dela me faz muito bem! – declarou Viviana, com um semblante mais sereno.

Ângela saiu de mãos dadas com a mãe, não sem antes dar um abraço carinhoso na amiga em recuperação. Daqueles abraços cheios de energia boa que envolvem não só o corpo, mas a alma também.

Mais uma vez a sós, após a refeição, as duas irmãs voltaram a conversar e, para surpresa de Silvana, a irmã pediu para que Jonas, o fisioterapeuta, voltasse para prosseguir os exercícios.

Diante do olhar espantado da irmã que a conhecia tão bem, a paciente explicou, bem-humorada:

– Preciso dar um jeito de subir na *bike* e dar umas voltas com a anjinha pelo parque... eu ainda vou fazer isso, vou sim!

Curioso como a influência da pequena vizinha parecia ser tão benéfica. Silvana estava se preparando para uma luta renhida, um embate, havia pensado em contar com a mãe para convencê-la a prosseguir o tratamento que, se interrompido, poderia causar danos.

No entanto, Ângela, com seu sorriso, sua alegria de viver, sua espontaneidade e amor profundo, soube dizer a Viviana algo que sua parente consanguínea não conseguira comunicar. Era preciso ter vontade de viver, esperança, tal como ensinava a história ali encenada.

Precisaria aprender a lidar com os altos e baixos da irmã a lhe exigir infinita paciência. Por vezes, lembrava do intenso sofrimento e exasperação ante a iminência de perdê-la para a tão temível morte. Foram semanas de incertezas naquele hospital, contando ora sim, ora não, com a presença materna. Momentos nos quais despertou em si forças que nem julgava possuir. Forças que esperava que a irmã também tivesse, porém, ainda não despertas. Cada um tem seu tempo para amadurecer, afinal.

Quem conhecia as duas poderia facilmente supor que, caso Silvana estivesse a passar pela situação da irmã, sua reação seria totalmente diferente. E talvez fosse mesmo. Não entendiam, porém, que não era justo esperar o mesmo de Viviana, ainda muito imatura e presa de ilusões fáceis.

A conversa mais calma fizera bem a ambas e logo Silvana voltou a sua prancheta de trabalho, a debruçar-se sobre tarefa metódica a exigir-lhe atenção. Ficou ali, envolvida naquela atividade por cerca de meia hora, até que Viviana a chamou:

– O que você faz? Preciso de você aqui.

– Estou fazendo cálculos, ou você esquece que eu estou me preparando para ser uma engenheira e fazer aqueles prédios imensos, como diz a sua anjinha?!

– Nossa anjinha – corrigiu a outra! –, ela também lhe adora, sua ciumenta! E venha aqui porque eu ainda não posso ir aí! Você se esquece que tem uma irmã inválida!?

Silvana se levantou e dirigiu-se ao quarto. Abriu a porta, olhou para a caçula da família e disse calma, mas firmemente:

– Você não é nenhuma inválida! Pare de falar assim! Eu não quero mais ouvir isso! Onde está aquela pessoa que agora há pouco estava falando em andar de *bike* no parque com a anjinha?

– Não sei, acho que foi embora... Daqui a pouco ela volta!

Era essa a maneira que Viviana encontrava para descrever a própria instabilidade. Por vezes, mergulhava em poços profundos em si mesma e depois voltava. E, naquelas últimas semanas, isto acontecia o tempo todo, uma verdadeira montanha russa de tantos altos e baixos. Mas voltava ao prumo.

– Então, a moça valente foi passear e deixou no lugar dela a pobrezinha, a infeliz? – provocou Silvana. – O que você deseja, afinal?

– Eu só queria lhe agradecer e pedir desculpas, aliás, como venho fazendo na maior parte do tempo desta minha vida. Daqui a pouco, vou dormir. Foi mais um dia difícil em que acabei por descontar tudo em você e no Jonas, quando vocês dois têm sido maravilhosos comigo. Eu não sei explicar...

Silvana aproximou-se e segurou firme as mãos da irmã:

– Você não precisa explicar nada! Você só precisa ter a certeza de que nós lhe amamos e que esse amor vai lhe levantar desta cama! Vai, eu sei que vai! Acredite nisso, acredite muito nisso! Nós vamos pular de felicidade quando isso acontecer!

– Um abraço, eu só quero um abraço!

E assim, as duas encerraram um dia difícil, selando um abraço tão necessário para ambas. Dois corações unidos, trocando emoções e energias para que pudessem se reerguer e vencer as fortes emoções sem se deixarem abater pelos dissabores.

2

Eram sete horas da manhã e Estela já estava com a pequena bagagem pronta. Não pretendia demorar-se muito na capital paulista.

Penoso para ela ter que sair do seu recanto, na zona rural de Campos de Jordão, e viajar para São Paulo. No entanto, era preciso ver as filhas, ficar com elas por algumas semanas. Silvana devia estar exausta, imaginava ela, com razão. As últimas provas do semestre na faculdade, pesquisas a realizar, o trabalho, os cuidados com Viviana. Deixara com ela uma ajudante, pessoa da sua mais inteira confiança, que conhecia as meninas desde a infância. Leonor, no papel de cuidadora, prestava importante apoio nas ausências de Silvana. Não fosse ela, o desgaste da irmã mais velha seria maior ainda.

Por obra do destino, como se costuma dizer, Leonor havia se mudado para São Paulo pouco antes do acidente de Viviana, para morar com os filhos, também estudantes. Assim, era mais uma amiga a estar por perto nos momentos precisos.

Estela era sempre muito agradecida à querida amiga, porém, esta, agora, precisava ficar uns dias fora e isto tornava a sua ida a São Paulo obrigatória.

Então, inadiável era sua partida. Na sala principal, olhava para o velho rádio da família, testemunha dos bons e maus momentos de, ao menos, três gerações.

Por alguns instantes, a dona da casa deixou-se envolver por uma nostalgia. Pareceu estar diante do seu avô, filho do construtor da fazenda. Ele e os pais haviam adquirido as terras e ali viveram até os últimos de seus dias. O velho Marcondes gostava de andar em dia com as notícias, apreciava acompanhar a política e seus desdobramentos, amava a música, gosto esse que passara para seus descendentes. Por isso, Estela lembrava-se claramente dos momentos em que, na infância, sentava-se ao seu lado para escutar seus programas preferidos.

O avô, mesmo com idade avançada, mantinha-se lúcido e bem disposto e divertia a todos com suas histórias.

O pai de Estela, por força de seus compromissos na capital, nem sempre se fazia presente na fazenda, que era administrada por seu tio.

Bom mesmo era quando toda a família se reunia na vasta mesa do refeitório! Saudades deste tempo! Encontros assim eram cada vez mais raros desde que o avô se fora.

Estela, sentada na sala, olhava para a bagagem e para o rádio. Um a lembrá-la da necessidade de partir, o outro a pedir-lhe que ficasse.

Agora, as lembranças a remetiam a outra época. Via-se adolescente, apaixonada ao ouvir as músicas de Roberto Carlos: "Como é grande o meu amor por você"... "Não adianta nem tentar, me esquecer! Durante muito tempo em sua vida, eu vou viver".[2]

Ah! Sorriu para si mesma! Como foram intensos aqueles tempos! Suspirava ao ouvir essas canções sentimentais! Em sua mente via, de novo, o rosto do rapaz alto, magro, irreverente e charmoso, cabeleira farta, jovem estudante de Agronomia, a quem conhecera em um dos bailes da Faculdade.

Anos depois se casaria com ele. Até chegar esse momento, com suspiros saudosos, incertezas e hesitações, costumava sentar ao lado

---

2 Música "Detalhes".

do velho rádio ouvindo músicas que despertavam ainda mais seus sentimentos.

Foi uma paixão arrasadora nos primeiros tempos que, aos poucos, foi se tornando uma afeição plena e segura. Mas para chegar até este estágio, foram necessários muitos anos.

Estela e Vicente se amavam muito, desde os primeiros instantes em que se aproximaram.

Todavia, muitos consideravam improvável a união deles, pois as personalidades tinham características muito diversas.

Silvana, a filha mais velha do casal, criou uma fábula que descreveu bem a situação quando contava:

"Era uma vez um passarinho que se apaixonou por uma árvore.

"Apreciava estar naquela árvore que lhe dava segurança, frutos saborosos e lhe permitia descansar dos longos voos. Amava-a porque lhe parecia ser diferente e mais especial do que todas as outras.

"Já a árvore amava o passarinho que vinha com suas histórias de tudo o que tinha visto em lugares tão diferentes, experiências incríveis!

"Era a única circunstância em que lamentava ter raízes e ser uma árvore. Por alguns momentos, tinha vontade de criar asas para poder acompanhar o adorado pássaro em suas aventuras! Amava demais estar com ele.

"Então, o pássaro, ao ver a tristeza de sua amiga, combinou que daria um jeito de, ao menos uma parte dela, seguir com ele. E começou a dispersar sementes dela por muitos lugares por onde passou. Nasceram duas outras, lindas, resultado do amor entre o pássaro e a árvore: uma era a Silvana, outra a Viviana."

Estela e Vicente gostavam dessa fábula porque resumia bem a história dos dois.

Ela tinha raízes fixas em Campos do Jordão, cidade serrana onde nascera e crescera e onde ficava a fazenda que administrava.

Ele era o pássaro, sem pouso fixo, mas que sempre voltava para sua amada.

Amor que não prende, que respeita os gostos e necessidades do outro, por mais estranhas possam parecer.

Assim, Vicente sempre retornava para a esposa e as filhas. Só não se sabia exatamente quando.

Devido ao fato dele fazer longas viagens e muitas vezes estar em locais de difícil comunicação, a família demorou muito para fazer-lhe chegar a notícia do acidente da jovem. Assim que soube, respondeu que estava a caminho, o que levava a crer, estava por chegar a qualquer momento.

Bom seria para Viviana ver os pais juntos nessa etapa delicada de sua recuperação. Por pouco a família não a perdera no grave acidente.

Agora, era preciso recomeçar com paciência e coragem. Queria muito ver Viviana dar seus passos de novo.

Respirou fundo. Essa esperança a animava.

Dirigiu-se para arrumar a bagagem no carro. Levaria os doces e frutas preferidos das meninas.

Após dar as últimas orientações aos empregados, iniciou a viagem, deixando para trás a exuberante paisagem de sua amada terra! Outros amores a aguardavam!

Ao chegar a São Paulo, Silvana já a esperava na garagem do prédio. Enquanto a ajudava com a bagagem, ia contando as novidades. E eram boas:

– Mãe! Eu e a Vivi conversamos bastante com o pai ontem à noite. Mãe, ele está em Amsterdã com o Kurz, aquele amigo que você conhece...

– Sim, eu imaginei que ele não retornaria sem antes visitar esse amigo! – confirmou Estela, com um sorriso.

– Mas... e esta é a melhor parte... ele chega nesta semana ao Brasil!

Estela esboçou um largo sorriso, porém, não encontrava palavras para expressar a emoção. Em seguida, vendo o mutismo da mãe, Estela acrescentou:

– A Vivi está dormindo até agora, fazia tempo que não tinha um sono tão tranquilo, você sabe... Os pesadelos...

– Sim, sim – respondeu Estela, fingindo prestar atenção na interlocutora, pois sua mente já antevia o encontro com Vicente.

– Nunca vou entender isso, mãe! Mesmo de longe, o pai parece ser a única pessoa que sabe dizer as palavras certas pra acalmar a Vivi.

Eu tinha vontade de aprender essas palavras mágicas que só ele diz tão bem!

– Comunicação entre pai e filha, meu amor! Isto é sagrado! – declarou Estela com ar de mistério, já largando as malas no quarto.

As duas moviam-se com cuidado, evitando falar alto e fazer ruídos para não acordar a irmã mais nova.

Já na cozinha, enquanto tomava um copo d´água, Estela recordava com saudade:

– Eu também era assim com meu pai, Silvana! Quantas vezes só ele soube me socorrer, me agasalhar com seu abraço seguro. E o vô Marcondes, então! Parecia que ele adivinhava meus pensamentos, eu mal abria a boca e ele já sabia o que se passava comigo. Como eu amava aquele velhinho sabido, como eu o chamava!

Silvana escutava, nada dizia. Em seu íntimo, porém, guardava uma triste impressão. Nunca encontrara em ninguém da família esse aconchego, essa segurança extrema. Ela se sentia amada, querida, mas era como se as pessoas tivessem uma impressão diferente a respeito dela. Deviam pensar: "Silvana não precisa, ela é forte, segura, sabe o que faz, tem claros seus objetivos e sabe como conquistá-los. Não, ela não precisa de um carinho, um cafuné, um abraço carinhoso. Isso não faz falta pra ela". Ah! E como estavam enganados em pensar assim! Talvez Silvana apenas escondesse suas fragilidades sob uma armadura que criara para si mesma, por força das circunstâncias. Ela havia sido o arrimo em muitas situações, inclusive na que vivenciava agora! Porém, não era tão invulnerável assim como poderia parecer aos olhares mais distraídos.

– Filha, você está me ouvindo ?

A pergunta de Estela tirou Silvana de suas divagações.

– Ela continua com a fisioterapia?

– Sim, Jonas notou uma discreta melhora nos reflexos dela. Se Deus quiser, os movimentos vão voltar. Ontem, o pai falou que vai esperar minhas férias para viajarmos juntos. Que isso sirva de incentivo para ela!

– Ah! Vicente, sempre o mesmo! Nem chegou de uma viagem e já está pensando em outra!

– Assim é o seu pássaro encantado, D. Estela! Dessa vez vamos com ele, mãe! Não vejo a hora! Adoro quando saímos juntos!

– Mesmo com sua irmã assim...

– Tenho esperança de que em mais alguns meses ela progrida mais um pouco, mãe! Nossa pequena vai vencer mais esta!

– Quero muito que seja assim, filha! Meu coração fica em pedaços quando vejo sua irmã nesse estado!

– Ah, mãe você vem dizer isto para mim que estou convivendo com ela diariamente! O mais importante é que ela está aqui conosco, como eu lhe disse no hospital. Não partiu, como, infelizmente, aconteceu com a Érica! Até agora ela não consegue falar sobre isso e eu não insisto, não toco no assunto. Ainda bem que os pesadelos diminuíram!

– É verdade que os pais da Érica vão sair de São Paulo? – indagou Estela.

– Sim, mãe! Eles venderam a casa e vão voltar para Goiás! Fiquei muito triste em saber, mas eles acharam melhor assim. O Ronie também vai com eles, pelo que eu soube.

– Pensando friamente, isso é bom! Quanto mais longe esse rapaz ficar, melhor! Por causa dele, a Vivi quase perdeu a vida!

– Bem, mãe, eu tenho outra opinião sobre isso e você sabe. Nunca achei justo culpar o rapaz pelos destemperos da Vivi e pelos desatinos da irmã dele. Na verdade, só Deus para saber o que se passou naquele carro, naquela estrada, naquela madrugada. Isso tudo já ficou pra trás. Agora, é bola pra frente.

– Mãeee, é você? – gritou Viviana do quarto, ao perceber sua chegada.

Estela correu para envolver a filha num carinhoso abraço, deixando Silvana a sós com seus pensamentos!

* * *

Passaram-se três dias.

Silvana voltava de uma curta viagem. Ao chegar, logo foi ao quarto da irmã. Saiu de lá com uma interrogação:

– Mãe, onde foi a Vivi?

A mãe, distraída ao arrumar as plantas, apenas respondeu:

– Ela saiu.

– Saiu como? Com quem? O que aconteceu?

Logo, porém, seu olhar encontrou com um objeto que lhe respondeu todas as perguntas, sem que Estela precisasse lhe dizer mais nada: a maleta do pai.

– Mãe!!! O pai chegou!!! Por que não me avisaram? Você foi buscá-lo no aeroporto?

– Não, filha! Só vi o barulho da chave girando na fechadura e ele entrou como se tivesse saído daqui na semana passada!

– Ah! Alguém poderia ter ido buscá-lo! Era bem mais lógico.

Estela riu do pensamento sempre racional da filha e brincou:

– E desde quando o Sr. Vicente Bernardes se preocupa com a lógica das coisas? Até parece que você não sabe que seu pai sai quando tem que sair e volta quando tem que voltar, e isto lhe basta. Faz pouco tempo que ele chegou, você já estava a caminho.

– Ah, ele podia ter me esperado! Mal chegou e já saiu... – resmungou Silvana com uma ponta de tristeza.

– Querida, vocês vão ter tempo para conversar com calma.

– Será? Até a hora em que ele resolva partir de novo. Enfim, tenho que saber lidar com isso. Quem ama de verdade tem que saber respeitar o jeito de ser do outro, não é isso que você diz constantemente?

Estela agora se sentava perto da filha e servia um suco gelado para as duas. Entendia o quanto devia ser difícil para a jovem compreender, com seu pensamento racional, aquele relacionamento tão peculiar entre seus pais e a forma como levavam a vida.

Admirava a garra e a determinação da filha. Mesmo agora, com ela já adulta, lembrava-se com clareza dela, ainda pequena, acompanhando as vistorias de obras junto com seu tio, também engenheiro. Ele a levava para ver o nascimento dos prédios e ela ia encantada, com seu capacete, ouvindo-o responder pacientemente as suas perguntas. Seu tio Sérgio amava a profissão, falava de uma forma tão encantadora que ela ficava entusiasmadíssima com tudo aquilo.

Silvana tentara mais de uma vez ingressar na faculdade. Lidara com a frustração pelos maus resultados até garantir o desempenho que lhe abriu as portas do tão desejado curso. E agora trabalhava no escritório do tio, onde continuava aprendendo muito. Haveria de concluir em breve tempo e a formatura seria muito comemorada por todos!

Silvana sempre teve um ar introspectivo, muito reservada, ao contrário da irmã, sempre muito expansiva e comunicativa. Ambas com um coração de ouro, como muitos costumavam dizer.

Pensava na melhor maneira de responder à indagação e continuou:

– Por certo, filha! Esta é a melhor maneira de eliminarmos conflitos nas relações. Respeitando o jeito do outro ser, não querendo moldá-lo à nossa maneira, assim como queremos ser respeitados.

No início, Silvana entendia como desrespeito e indiferença as ausências prolongadas do pai velejador e suas ânsias de sair mundo a fora como se fosse um desbravador. Tinha dificuldade com isso. Só com o tempo passou a se sentir segura mesmo com essas ausências, longas ou breves. Vez ou outra, voltava com esse assunto.

– Bem, ao menos ele conseguiu tirar a Vivi de casa! Ela não saia há dias! Ainda bem que ela concordou!

– A bem da verdade, ela não teve muito tempo de concordar ou discordar! Você sabe como é seu pai! Ele entrou, conversou um pouco com ela e, de surpresa, sem dar muito tempo pra ela pensar se queria ou não, foi colocando-a na cadeira e saindo pra passear. Sinceramente, eu não imaginaria os dois conversando entre quatro paredes. Agora devem estar em alguma praça, à sombra de alguma árvore, observando a vida que segue.

Silvana riu da narrativa da mãe e logo comentou:

– É mesmo? Pena eu não estar aqui! Queria muito ter visto essa cena!

De súbito, o interfone tocou. Estela atendeu e não gostou do que ouviu. Ficou sem saber o que responder e chamou Silvana:

– Filha, é aquele rapaz, o Ronie. Está querendo falar com a Vivi. O que eu digo?

– Ora, diga que ela não está! Vou atender.

A filha de Estela pediu para que ele a esperasse, o atenderia na portaria. Para lá ela seguiu.

Ronie estava querendo despedir-se de Viviana antes de partir com a família para Goiás. Silvana, a princípio, se opunha a essa ideia.

Porém, ao ver a sinceridade do rapaz, sua vontade em se despedir da ex-namorada de forma amistosa, sugeriu que ele viesse em outro momento. Conversaria com a irmã a respeito do assunto. Ele concordou e partiu.

Talvez, pressupôs Silvana, ao contrário de tentar poupá-la de contatos que pudessem remexer em feridas ainda não cicatrizadas, fosse preciso mesmo trazer certas questões à tona para que pudessem ser resolvidas. Vivi estava limitada não só física, como também emocionalmente. O acidente de automóvel, que a privara dos movimentos das pernas, havia sido fatal para a motorista, Érica, sua grande amiga e irmã de Ronie. Assim, havia feridas ainda mais profundas em sua alma para serem tratadas com tato e muito carinho. E era justamente isso que Vicente iria perceber em seu diálogo com a filha mais nova.

3

Sentados à sombra de um frondoso jacarandá, Vicente e Viviana estavam agora em silêncio. Ambos observavam a movimentação das pessoas naquele dia ensolarado e saboreavam um sorvete.

Viviana olhava o pai sentado no gramado a seu lado. Por um instante pensou: "Que estranho! Onde está aquela saudade tão intensa dos últimos tempos?". Vendo ele assim, tão despreocupado de tudo, nem parecia que tinha estado longe, visto as paisagens exóticas que ele tanto adorava conhecer e que descrevia com um jeito tão particular. Surpresas do afeto, dizia para si mesma. A distância física não suprime o afeto verdadeiro.

No mesmo instante em que a filha julgava a aparente tranquilidade do pai, Vicente lutava por acalmar em si a profunda tristeza por ver a filha amada numa cadeira de rodas. Rememorava, na sombra daquela árvore, a emoção vivida horas antes quando retornou e a viu deitada em seu leito, com expressão desolada. "Devo estar amadurecendo" – disse para si mesmo. "Como pude ter autocontrole e mostrar serenidade diante dela naquele momento? Mas acho que agi certo", pressupunha. "De nada adiantaria manifestar minha contrariedade e infelicidade pelo fato ocorrido. Essa menina precisa de alguém que a jogue para frente, ela precisa reagir, ajudar a si mesma, e isto não vai acontecer se ficarmos nos lamentando perto dela. Deus me ajude", concluiu.

Vicente intuía o que estava por vir. Via no olhar da filha a sua necessidade em desabafar sentimentos doridos que, sem dúvida, também agiam no sentido de mantê-la presa àquela cadeira, fazendo com que seus esforços pela recuperação parecessem inúteis. Até que, finalmente, Viviana encontrou a maneira de introduzir o assunto:

– Pai, faz quase duas horas que estamos passeando, chegamos até aqui, conversamos sobre tantas coisas, ouvi sobre sua viagem, rimos tanto! Você fala comigo com tanta naturalidade, como se nada tivesse mudado, como se não tivesse acontecido a desgraça que aconteceu!

Vicente ergueu-se e, num gesto muito natural para ele e que sempre servia para acalmar Viviana em instantes difíceis como aquele, acercou-se da cadeirante e pôs-se a fazer uma suave massagem em seus ombros. Falando calmamente, mas com segurança, ele afirmou:

– Não pense que eu estou fingindo não ver o que lhe aconteceu, a mudança radical que ocorreu em sua vida! Não confunda a minha calma com indiferença, com o não me importar. A maioria das pessoas tem esse julgamento sobre muitas das minhas atitudes, mas você não, Vivi, você sabe que não é assim. Eu sempre lhe falei: não é o que nos sucede que determina nosso sucesso ou nosso fracasso, e sim o que fazemos com o que nos sucede.

"Muitas pessoas já lhe disseram e eu vou reforçar. Preste atenção no que seu pai vai lhe dizer: a sua cura ou a sua permanência nessa cadeira dependem muito do que você alimentar no seu íntimo."

Viviana soltou um longo e sentido suspiro. Sem dúvida, ouvira isso inúmeras vezes, desde que se acidentara. Mas a seu ver, eram só palavras bonitas ditas com a intenção de ajudar e apenas isso. Tornou ela, contrafeita, com uma expressão de enfado:

– Pai, eu só fiz bobagem! Mereço estar aqui! Foi a minha punição pelo que aconteceu com a Érica. Para ela acabou e para mim ficou este tormento! Pai, precisava mesmo ser assim?

Viviana começava a dar vazão aos pesares que a incomodavam: culpa, remorso, autopiedade, raiva e outros tantos. Vicente redarguiu:

– E se eu lhe disser que apenas pra você é assim? Nem Deus está vendo dessa forma, ou não lhe proporcionaria chances de tratamento e recuperação cercada por aqueles que lhe amam.

– E quem me acusa? Quem tem raiva de mim pelo que aconteceu, quem se afastou de mim simplesmente porque não sou mais a companhia que eu era antes? Você lembra da imensa turma de amigos com quem eu andava? Eu olho para o lado e vejo pouquíssimos agora e cada vez menos!

– Esses não estão fazendo falta neste momento, filha. Cada um é livre para fazer suas escolhas. Logo ali se darão conta se agiram certo ou não. Mas não somos nós que vamos estabelecer quando isso acontecerá. Valorize quem está sempre com você.

Nesse instante, ela lembrou-se da mãe e da irmã, sempre muito presentes, e pareceu se acalmar, vendo tudo com mais clareza. Considerou, então:

– Eu tenho até abusado da paciência da mãe, da Silvana, da Leonor... E até do Jonas, meu fisioterapeuta... Quanta paciência ele tem tido comigo!

– Filha, veja bem: é muito fácil julgar a ação dos outros. Você sofre porque imagina que estão lhe condenando, que quem a amava não a ama mais por causa do acidente infeliz. No entanto, está sendo severa também com as outras pessoas, sem saber ao certo o que se passa com elas. É natural para muitas agir assim. Pode parecer cruel, mas assim é. Quem sabe com o tempo algumas voltem a manifestar amizade e você deve aceitar, porque nós somos muito limitados para entender o que se passa com os outros.

– Você acha? Aceitar de novo a amizade de quem se afastou no momento que eu mais precisava? Nem quero mais ver essas pessoas, pai! – declarou ela, com firmeza.

– Mais uma vez a decisão é sua. Porém, devo lembrar que rancor e mágoa que agasalhamos em relação aos outros são venenos para a alma e intoxicam nosso organismo. Você cresceu ouvindo sua mãe e eu falarmos sobre isso.

Viviana pensava sobre o exposto por Vicente. De fato, nem sempre ela tinha o hábito de visitar amigos doentes, por exemplo. Talvez não tivesse semeado amor em quantidade suficiente para colher amor em abundância, como queria e precisava. Por esta razão, não valia a pena ficar remoendo mágoas em relação aos amigos que se afastaram.

Vicente estava agora em silêncio, acariciando seus cabelos. Como era bom tê-lo por perto! Fechou os olhos e se imaginou menina sendo levada por ele para tantos lugares agradáveis e inesquecíveis! Era como se estivesse novamente na proa do veleiro, sentindo a brisa do mar!

De súbito, abriu os olhos e expressou outro pensamento que a perturbava:

– Pai, acabaram-se as nossas viagens! Como vou poder acompanhá-los neste estado? Seria muito incômodo!

Vicente brincou:

–Sim... Seria um incômodo se você não pertencesse a uma família de criativos inventores que sabem adaptar tudo e tem superpoderes para superar imprevistos. Impensável viajar sem você, filha, só lhe digo isto porque é o que precisa saber.

– Mas pai, vai ser um transtorno... viajar com uma inválida!

Viviana usou mais uma vez a palavra pesada a qual Silvana rejeitava sistematicamente. Enfim, era assim que ela se sentia: inválida, limitada, acabada. Era esta imagem que fazia de si mesma, mantendo um estado mental altamente desfavorável à sua recuperação plena.

– Então, você entende que o acidente provocou o fim de tudo para Érica e a sua invalidez. Você merece ser punida com a incapacitação e o abandono dos amigos. É assim que você vê? Entendi bem?

Viviana baixou a cabeça sem nada dizer. Significava que o pai estava certo na sua apreciação. Era como se sentia. Ele, por sua vez, buscando ter tato, continuou:

– E se eu lhe disser que não foi o fim para Érica, que ela continua vivendo em outra dimensão, pensando, sentindo, amando, aprendendo como sempre? E que não é o fim nem o castigo eterno numa cadeira de rodas para você também. Vivi, olha para mim: você vai voltar a andar, os médicos dizem que você tem muitas chances. Precisa se convencer disso! Você vai conseguir!

– Pai, todo mundo me diz isso, eu me esforço, mas não consigo! Os exercícios só me cansam, são inúteis. Sei que sem isso vai ser mais demorado ainda, mas... Só mesmo quem passou por isso para entender! E quanto à Érica... Se for mesmo como você me diz... Eu peço perdão a ela todos os dias... Será que ela me escuta, pai?

Lágrimas rolaram nesse instante. Há muito tempo ela relutava em falar em Érica e no que se passara naquela madrugada fatídica. Vicente deixou que ela chorasse e desabafasse o sentimento de pesar cravado dentro do peito.

– Você quer falar sobre isso, querida? Recorda o que se passou naquela noite?

Viviana, enxugando as lágrimas, sentia-se plenamente confiante no interlocutor. E prosseguiu:

– Sim, pai, a culpa foi toda minha! Se eu não tivesse insistido tanto para que ela me levasse para aquela festa, nada disso teria acontecido. Certamente, ainda hoje Érica estaria ao meu lado, alegre como sempre, com aquelas histórias malucas que ela contava. É um peso enorme para mim... Saber que por causa do meu impulso de ciúme, ela já não está com os pais, com os amigos, com o Ronie. Pai, eu vou carregar isto comigo até o último dos meus dias. É terrível!

E Viviana seguiu rememorando a noite do acidente.

Até então, havia tentado fazer o oposto: esquecer. No entanto, na companhia paterna, sentia-se propensa a voltar no tempo e recordar o dia fatídico que havia alterado drasticamente a sua vida!

Depois de respirar fundo, iniciou sua narrativa.

Há alguns meses iniciara um relacionamento com Ronie. Era um relacionamento cheio de idas e vindas, altos e baixos e, agora Viviana conseguia perceber, mais baixos do que altos.

Meses antes, ele havia sido apresentado por amigos e passara a fazer parte do grupo. Naquela época, ele estava envolvido com Daniela, pessoa a quem se ligara desde a adolescência.

Viviana sentiu-se fortemente atraída por ele e conquistá-lo passou a ser a sua meta.

Enfim, afastado de Daniela, passou a ser o namorado da filha de Vicente.

Porém, insegura e possessiva – dois ingredientes que, unidos, podem destruir relacionamentos –, a jovem desconfiava da própria sombra, mas insistia em ficar com ele.

Por essa razão, Ronie logo cansou do temperamento intempestivo e exagerado de Viviana, mas, talvez por comodismo, não via como solucionar a situação.

Há algumas semanas evitava contato com ela, não atendia seus telefonemas, o que a deixava ainda mais enfurecida.

Naquela noite, soube por Érica que Ronie tinha viajado e estava por retornar. Como? Para onde? Com quem? Érica não sabia. Por certo, nem mesmo os pais que viviam com ele deveriam saber.

Viviana ficou triste em saber que nem mesmo ela havia sido comunicada. Estaria com Daniela? Havia rumores de reaproximação entre os dois.

E a raiva pela provável reconciliação do casal passou a atormentá-la. Começou a fazer um trabalho de investigação entre os amigos, sondando informações.

Érica sabia que era inútil dissuadi-la da ideia. Tentou afastá-la daquele ambiente nocivo, convidando-a para passarem o fim de semana na praia de Santos. Queria que ela se distraísse, que esquecesse um pouco os revezes daquele relacionamento que só na mente de Viviana tinha chance de dar certo.

A irmã de Ronie sabia o quanto ele sempre havia sido apaixonando por Daniela e ela o correspondia. Tinham lá suas diferenças e dificuldades como todo casal, mas o entrosamento entre eles era surpreendente. Tudo indicava que ficariam juntos. Era apenas questão de tempo e dependia de um pouco mais de amadurecimento por parte dos dois.

Ciente disso, para ela eram inúteis todas as tentativas de Viviana em manter a união com Ronie.

As duas amigas passaram um sábado agradável, vez ou outra a preocupação em saber o paradeiro dele urgia no meio da conversa. Érica desviava o assunto. Mas nem sempre era o suficiente.

Até que, no início da madrugada, Viviana recebeu o aviso de que o rapaz havia voltado e estava numa festa com Daniela.

Foi a gota d'água. Por mais que Érica tentasse acalmá-la, era inútil. A amiga parecia surda aos apelos ao bom senso. Aliás, bom senso e paixão parecem não se misturar, assim com água e óleo.

Viviana dispunha-se a voltar a São Paulo na companhia de outros amigos, caso Érica não a trouxesse de volta. Esta, por sua vez, ficou ainda mais preocupada, pois sabia que o motorista havia bebido demais e se arriscaria a regressar à capital naquele estado.

Enfim, decidiu-se pela viagem de retorno. Era preciso por fim àquilo tudo, imaginou a irmã de Ronie. Viviana, por certo, armaria um barraco, como se diz na gíria, mas ao menos acabaria com aquele caso que já se arrastava inutilmente.

Era uma noite nublada, numa estrada cheia de curvas. Viviana, inquieta, não parava de falar. Até que o pior aconteceu. Érica perdeu o controle do carro em uma das perigosas curvas, acidente fatal para ela.

Depois de contar os principais lances do dia mais triste de sua vida, Viviana baixou os olhos e fez uma longa pausa. Vicente nada comentou. Apenas ouviu atentamente seu relato, dimensionando o tamanho da culpa que a jovem devia sentir. Movera-se por instinto, como uma fera ferida. Propunha-se ir à desforra por algo que ela mesma havia provocado em sua vida. Foi impetuosa, inconsequente, irracional como costumam ser os apaixonados. Aliás, avaliava Vicente, a filha era apaixonada por si mesma, em sua vaidade e orgulho feridos, antes mesmo da paixão que sentia por Ronie. E de tudo isso resultara naquele episódio de tristes consequências e de marcas profundas.

O desejo! Ah, o desejo, fonte do sofrimento, como ensinava Buda. Força poderosa, quando bem canalizado, é capaz de realizar prodígios. No entanto, produto do egoísmo, causa danos profundos!

De tudo que ouviu da filha, Vicente não percebeu a ação do amor, mas sim, a ação gritante do desejo, não mais que isso. Recordava-se do rapaz alto, porte atlético, cabelos escuros, tez morena, um homem muito bonito. Em vários momentos perguntou-se o que fazia ele ao lado de sua filha. Sentia-o desinteressado em manter um relacionamento que só parecia estar sendo levado a sério por Viviana. Ela estava erguendo um castelo de areia que logo iria ruir. Havia sido alertada por quem lhe queria bem. Mesmo assim prosseguia. Acreditava conseguir fazer com que Daniela ficasse adstrita ao passado do namorado. Porém, a vida mostrou, de maneira dolorosa, que não era dessa maneira.

Como resultado, Vicente via agora a filha presa a uma cadeira de rodas por tempo indeterminado, descrente na própria recuperação, com a mente perturbada por raiva, culpas e remorsos; uma jovem cuja existência foi interrompida e Ronie tentando refazer a vida ao lado de quem realmente amava.

Vicente entendia que cabia à filha fazer o mesmo: buscar novos caminhos na vida. Ficar olhando para trás e se autopunindo de nada resolveria. Esta, no entanto, era uma certeza que ele tinha. Ela, ainda não.

Com o olhar triste, tentando entender o silêncio do pai a respeito de tudo o que ouvira, ela provocou:

– E então, pai? O que me diz? Agora que sabe de tudo o que aconteceu, como e porque aconteceu... Vai me acusar também?

Vicente a olhou com ternura. Ela continuou:

– Desconfio que mesmo mamãe e Silvana me acusam, me tomam por leviana, egoísta e irresponsável, embora nada me falem em nome de uma suposta piedade. Assim também vários de meus amigos, que talvez nunca venham a me perdoar. E os pais da Érica e do Ronie, meu Deus! Quanta vergonha! Acho que nunca mais vou ter coragem de olhar para eles!

"Às vezes, eu imagino o que faria caso estivesse frente a frente com ele outra vez. Já tive ganas de bater nele. De outras vezes, penso que choraríamos juntos. Não sei, não faço a menor ideia de qual seria minha reação. Fiquei sabendo que ele foi me visitar no hospital. Eu estava desacordada..."

– A mãe deles também quis saber notícias suas, filha – interrompeu Vicente, faceando-a.

– Como assim, pai? Onde você a viu?

– No aeroporto. Eles aguardavam a chegada de alguns parentes.

– Como está Áurea, pai? E o Alberto?

– Ele manteve-se distante, cumprimentou-me assim que me reconheceu. Notei também que Áurea hesitou um pouco, mas se aproximou e veio saber de você. Sem acusações. Ela apenas quis saber do seu estado e desejou que você se restabelecesse.

Viviana cobriu o rosto com as mãos. Não esperava aquela atitude por parte da mãe de Érica. Vicente continuou:

– Eu também me surpreendi com a bonita atitude dela. Procurei ser cortês também. Fui tomado de surpresa, mal sabia o que dizer. Enfim, serviu para mostrar que esse ódio que você pensa que estão sentindo de você é imaginário. Convença-se de que não há culpados, filha. Ficar se atormentando pelo que passou nada de bom poderá lhe trazer, meu amor! É isso que você precisa entender!

Vicente afagava a mão de Viviana enquanto falava. Queria muito que ela acreditasse na força de suas palavras. Queria muito encontrar um bálsamo para jogar sobre as feridas da alma de sua filha, como qualquer outro pai faria. Contudo, reconhecia que era preciso tempo e paciência. Aquela conversa, à sombra daquele jacarandá, talvez viesse a surtir um bom efeito. Tinha esperança. Lançara semente na terra. Era preciso aguardar a germinação, conforme seu conhecimento de agrônomo.

– Pai, volto à pergunta que lhe fiz no início: precisava mesmo ser assim?

– Eu sei o que você espera que eu responda, filha. Espera ouvir de mim que caso você não tivesse sido precipitada, impulsiva e imprudente, nada disso teria acontecido e, certamente, sua amiga ainda estaria ao seu lado. São essas as acusações que você lança a si mesma e espera que eu as reforce. Esquece que sua amiga também teve liberdade de escolha. Era uma adulta, a conhecia bem. Poderia ter esperado amanhecer para retornarem com mais segurança, porém, achou por bem voltar e resolver a questão o quanto antes. Ninguém poderia interferir na decisão dela, nem mesmo você.

– Sim, Silvana já me disse isso... Ela poderia ter se negado... mas eu insisti tanto!

– Filha, a sua amargura não muda o que aconteceu! Ela era uma adulta, livre para decidir. Nós não temos poder total sobre os fatos de nossa vida. O curso dela se altera de uma hora para outra. Nós, velejadores, temos de saber lidar com a mudança e a intensidade dos ventos. Temos que adaptar as velas e o motor da embarcação se quisermos chegar em segurança quando somos surpreendidos em meio a uma travessia. Nada mais a fazer, é uma decisão prática que envolve a sobrevivência. Você tem que aprender a lidar com o que lhe sucedeu de forma mais saudável, se não quiser adoecer ainda mais. Foi isto que eu percebi de tudo que você me falou.

Viviana, pensativa, erguia o olhar para o céu. Refletia no que ouvira do pai. Ele, com seu jeito sereno, amigo, mas firme, buscava arejar sua mente com uma nova forma de ver as coisas e o fazia de uma maneira que ela parecia aceitar bem. Sem cobranças, recriminações, acusações. Como um velejador: os ventos mudaram a direção? Adapte as velas e siga seu caminho, sem brigas com a natureza, ou você poderá levar a pior. Se a vida decidiu assim, não adianta responder com tanta revolta e irresignação. Ajuste as velas e siga até seu destino.

O pai viajava num veleiro confortável, equipado com o que havia de mais moderno. Mesmo assim, não foram poucas as vezes em que se viu surpreendido em meio a alguma travessia. Felizmente, sempre havia conseguido chegar em segurança, à custa de muito sangue frio em muitos momentos. Se tivesse se deixado tomar pelo pavor, teria facilmente perecido.

Bom estar ao lado dele novamente, ouvir dele palavras que reerguiam, depois de tantas angústias! No entanto, era hora de voltar e Viviana pediu:

– Pai, quero voltar... Meu corpo dói!

A reação do corpo dela era como se tivesse se aliviado de pesada carga. Quando carregamos um peso que exige o esforço dos nossos músculos, sentimos um imenso alívio ao descarregá-lo, mas o corpo permanece por um tempo com aquela sensação de dor e cansaço. Com ela acontecia algo semelhante. Desembaraçara-se de um peso emocional muito grande e isso repercutia em forma de dor, mas logo passaria.

O velejador olhou para o céu. Nuvens escuras se aproximavam. Não queria ser surpreendido pela garoa dos paulistanos. E empreendeu a viagem de retorno com a filha. Eles viram pessoas se exercitando nos equipamentos ao ar livre, crianças passeando de bicicleta, outros correndo pela praça. Vicente sabia o quanto a filha deveria sentir falta de todas aquelas atividades. Havia uma longa jornada de recomeço a trilhar. Mas ela seria exitosa, confiava ele. Depois da tempestade ameaçadora, haveriam de conseguir chegar a um porto seguro, conjeturava o experiente velejador.

Enquanto a conduzia pelas ruas do bairro, Vicente assobiava. Nisto, a postura dele também diferia. Sua filha era agora uma cadeirante, porém, ele procurava mostrar que reagia de forma otimista àquela injunção. Sua atitude mostrava, na prática, a frase que crescera ouvindo dos pais e a qual ele próprio lembrava no início da conversa: não é o que nos acontece que determina nosso fracasso ou nosso sucesso, mas o que fazemos daquilo que nos acontece.

Da primeira vez que Silvana saiu com ela na cadeira de rodas, Viviana não deixou de notar a tristeza em seu olhar, um não saber ao certo como agir. O mesmo aconteceu com Estela e Leonor. Já o pai, com seu modo irreverente, assobiava, deixando o percurso de algumas quadras mais leve.

Quando já se aproximavam do edifício, a chuva fina começou.

– Vamos nos molhar um pouco, filha! Você sempre gostou de banho de chuva! E a nossa música?

E passou a cantar uma alegre melodia da qual os dois gostavam. Viviana levantou os braços para cima, sorrindo, cantando e acolhendo a chuva! Enquanto tivesse, a seu lado, aquela figura única que era seu amado pai, nem tudo estaria perdido, nem sempre o caminho seria sombrio. Era isto que ela passaria a querer, fugir das sombras e buscar a luz, tal como dizia a letra da canção: "e se quiser saber pra onde eu vou, aonde tenha sol, é pra lá que eu vou".[3]

Já chegando perto do prédio, eles encontraram Agnes e Ângela, que também vinham apressadas por causa da chuva.

Cumprimentaram-se cordialmente e logo a pequena veio dar um caloroso abraço na amiga:

– Saudade de você, saudade de ver você sorrindo! – comentou a menina, captando a alegria que envolvia a vizinha.

– E quem consegue ficar sério com o Vicente por perto? – recordou Viviana bem humorada.

– Sim, e se bem o conheço, ele mal chegou e já deve estar planejando nova viagem – presumiu Agnes, com acerto.

– É verdade, Agnes! Em breve, pretendo viajar com Estela e as meninas, assim que chegarem as férias da faculdade!

As duas sorriram. Muitos estimariam ver a jovem reagir bem frente a esse poderoso estímulo.

Depois que elas se foram, a filha de Vicente comentou:

– Bom ver Agnes e a minha anjinha para completar o passeio tão bom que fizemos, pai! Sinto-me muito bem!

Depois do banho e de uma boa refeição em família, Viviana se preparou para um sono refazedor. Despertaria com disposições bem melhores.

3 Música "O sol", de Jota Quest.

4

Ronie subia apressado as escadas que o conduziam ao pequeno apartamento. Carregava sacolas do supermercado. Estava faminto. Felizmente, lembrou que Daniela prepararia uma lasanha para o jantar. Era de algo substancioso que ele precisava.

Ao chegar, um beijo em Daniela, que estava sentada, terminando de preparar o molho. Arrumou os produtos no lugar, trocou rápidas palavras com ela e foi para o banho.

Só quando retornou, percebeu o quanto a jovem estava quieta. Lançando um olhar mais atento, notou que não era só cansaço. Estava triste, irritada. Algo muito grave deveria ter acontecido para deixá-la tão aborrecida.

– Tem alguma coisa que você queira me contar? Algum problema no trabalho, com a sua família?

Daniela permaneceu calada. Precisava, sim, contar para alguém, desabafar um pouco. Mas Ronie também trabalhara o dia inteiro, aquela era a única noite em que não tinha aula e conseguia chegar mais cedo. Hesitava em importuná-lo, dividindo a cena triste em que se vira envolvida naquela tarde.

Por isso, desconversou dizendo que não havia acontecido nada demais.

Porém, intimamente, continuava machucada por tudo que ouvira, pelo que presenciara.

Daniela trabalhava em uma clínica de ultrassonografia e, naquela tarde, foi solicitada a auxiliar no atendimento a uma cadeirante. Mal entrou na sala e a paciente se pôs a gritar ao vê-la:

– Não, essa mulher não! Ela não vai tocar em mim! Levem-me daqui ou chamem outra pessoa!

Por mais que Daniela tentasse acalmá-la, ainda que tomada de vergonha, a outra se negava terminantemente e continuava:

– Foi por sua causa que tudo aconteceu! Não fosse por você ter se envolvido com quem não devia e aquele acidente não teria acontecido! A morte de Érica é culpa sua e, mesmo assim, o Ronie ainda está com você!

Era Viviana que, descontrolada ao ver a antiga rival, não media as palavras. Nada era capaz de acalmá-la. Felizmente, outra colega, vendo a cena embaraçosa, substituiu Daniela.

No fim do dia, ela saiu profundamente desolada e humilhada por tudo o que aconteceu. Por mais que os colegas tentassem confortá-la, havia sido algo vexatório. Logo com ela, sempre tão discreta no ambiente de trabalho.

Foi esse episódio que tirou toda espontaneidade que Dani costumava ter nas vezes que fazia suas deliciosas lasanhas. E não queria piorar mais a noite trazendo tal aborrecimento para dentro de casa.

No entanto, não conseguia disfarçar. Entre uma garfada e outra, mal podia esconder o desinteresse pelos assuntos de Ronie, respondendo por monossílabos.

Até que, em meio à refeição, ele, sem querer, tocou na ferida, dizendo:

– Amanhã vou novamente tentar falar com a Vivi. A Silvana me disse ontem que ela concordou em me receber.

Daniela empurrou o prato e disse, com firmeza:

– Não vá! Eu não quero que você vá falar com aquela mulher!

Ronie, confuso, perguntou:

– Não entendo, Dani... Da outra vez que fui lá, foi seguindo um conselho seu que me fez ver o quanto eu estava errado em sumir da vida dela assim, como se eu fosse um moleque! Você mesma insistiu..

– Pois bem, não insisto mais! Você está certo em ficar longe daquela desequilibrada!

Daniela levantou-se e deu vazão ao pranto que até então se esforçara por conter. Contou, entre soluços, o que havia se passado horas antes na clínica e concluiu:

– Justamente eu que, como você disse, vinha insistindo para vocês se reconciliarem, para procurarem resolver tudo de maneira amistosa, sem culpas, nem acusações! E ela vem me culpar pela morte da sua irmã! Não quer entender que foi ela quem se intrometeu na nossa vida! É uma criança mimada! Eu não tenho pena dela!

Ronie abraçou Daniela. Ela tinha razão por estar triste. Todavia, não atenderia seu pedido. Estava decidido a ter uma importante conversa com a ex-namorada. Era tempo de esclarecer as coisas, conversar como 'gente grande', estabelecer a paz ou o mal estar profundo se enraizaria cada vez mais e perturbaria a todos por muito tempo ainda.

* * *

Viviana observava a paisagem da varanda. Podia ver crianças brincando, pessoas passeando no jardim do condomínio. Era um dia de temperatura amena, final de tarde. Estava sozinha. Sua mãe havia voltado para a fazenda atendendo a um chamado de urgência; o pai também havia ido atender a alguns clientes; a irmã ainda não retornara do escritório e Leonor, há pouco, saíra para fazer umas compras.

A jovem esperava pelo ex-namorado. Respirava profundamente, buscando se acalmar. Concordara em recebê-lo, contudo, não sabia se havia agido certo. Ronie já devia estar a par do que acontecera na clínica e viria cobrar atitudes dela, presumia. Haveria de ser uma conversa bem difícil, prejulgava. Enfim, entre conjecturas, as horas se escoavam

Naquele dia, recordava ela, a simples visão de Daniela despertara-lhe uma ira incontrolável. Foi algo tão forte que, por um momento, lhe pareceu ser até possível levantar-se da cadeira e ir até a outra para, quem sabe, esbofeteá-la. Sim, essa foi a sua vontade, agredi-la, se possível. Então, feriu-a com palavras, acusou-a, humilhou-a na frente dos colegas. Nem mesmo a expressão calma da moça a demoveu. Por alguns instantes, o ódio profundo aflorou com tal intensidade que a cegou.

Foi uma emoção ruim, não queria mais sentir aquilo. O pai sempre lhe recomendou a estudar os próprios sentimentos e, principalmente, os efeitos que cada um deles deixava nela. O ódio é algo arrebatador, como a onda do mar, em fúria, se batendo sobre a rocha. É algo assustador e devastador. Não, ela não queria mais experimentar a penosa sensação.

No entanto, também não se arrependia do que havia feito. No seu entender, Daniela precisava ter ouvido aquelas 'verdades', precisava canalizar para outrem a culpa que sentia pelo acidente. Sim, era preciso achar um culpado que não fosse ela. O fardo era pesado demais para carregar sozinha.

Olhou para o relógio e viu que Ronie não tardaria a chegar. Costumava ser pontual. Ela que tinha o péssimo hábito de se atrasar para os compromissos e não foram poucas as vezes que discutiram por causa disso. O ex-namorado sempre fora uma boa companhia, sempre se entenderam muito bem. Em relação a ele, apenas uma pontinha de mágoa por ter se afastado daquele jeito estranho para ser visto em companhia de sua ex. Aquilo a entristeceu e magoou profundamente, e nunca mais falaram sobre o assunto. E ele nem sabia se valeria a pena tocar neste ponto depois de tudo o que aconteceu.

Ronie, diante do prédio, hesitava, sem saber se deveria ou não entrar, mas já que havia chegado até ali, resolveu avançar.

Preferia não pensar muito no que diria ou no que ouviria. A última vez que vira Viviana, alguns dias após o acidente, ela estava bastante machucada e dormia. Saiu do hospital ainda mais condoído. Foram dias dolorosos, em que ele e seus pais lastimavam perder Érica em um acidente terrível, na curva de uma estrada.

Deixara passar alguns dias depois da discussão entre as duas na clínica. Achou melhor agir assim para esfriar os ânimos; no entanto, não poderia esperar muito, pois, na próxima semana, já estaria em férias para acompanhar os pais no retorno a Goiânia. Planejava ficar uns dias com eles e retornar para São Paulo. Faltava pouco para concluir seu curso e conseguira um emprego em sua área, trabalhando numa empresa de Informática.

Porém, a insistência dos pais para que ele se transferisse para Goiânia também era constante. Não queriam se separar do outro filho; todavia, não conseguiam mais morar em São Paulo, depois do sucedido com Érica. Os pais sempre preferiram a cidade natal, mas aceitaram a mudança para a capital paulista em virtude da necessidade de trabalho e estudo dos filhos. Então, passaram todos a residir em uma casa simples, bem cuidada, num bairro paulistano.

Se não fosse essa reviravolta, tudo estaria mais acertado. Ronie, porém, resolveu ficar em São Paulo ao lado de Daniela, contrariando a vontade dos pais, mas seguindo seu coração. Sentia que havia feito a escolha certa. O que viria, dali em diante, caberia Deus decidir.

Quando a campainha finalmente tocou, o coração de Viviana disparou. Não, dessa vez o namorado não vinha buscá-la para um passeio de moto pelos recantos da capital. Não era mais uma de suas incursões divertidas e inusitadas. Aqueles tempos haviam ficado para trás. O que havia restado, ela só iria saber depois que abrisse a porta e permitisse a entrada do rapaz.

Viviana girou a maçaneta e o encontrou, lindo como sempre!

Ele, ainda no corredor, permaneceu imóvel, como se não soubesse o que dizer. Estava sim, de alguma maneira, chocado ao ver a ex-namorada movendo-se numa cadeira de rodas. Tentou disfarçar, mas Viviana o conhecia. E provocou:

– Entre, Ronie! – ordenou ela. – O que foi, está chocado por me ver assim?

O visitante nada respondeu. Não sabia mesmo o que dizer. Em um lampejo, lembrou-se de Viviana com Érica, as duas sempre extrovertidas, dinâmicas, movimento era a ordem do dia para ambas. E, agora, mal conseguia acreditar que aquela cadeirante era sua companhia de aventura dos últimos tempos.

Sim, era triste, mas o visitante percebeu que precisava reagir ou seria melhor ir embora sem nada dizer para não piorar a situação.

Procurando se recuperar do impacto inicial e buscando as palavras para se expressar, ele aproximou-se, tocando em seus ombros com suavidade e dizendo, calmamente:

– Eu tenho certeza de que em algum tempo você estará recuperada! Sempre foi forte, arrojada e decidida, vai superar com a ajuda dos que torcem por você!

O toque das mãos dele a enterneceu. De certa forma, quebrou o gelo e conduziu a conversa para um tom mais ameno. Viviana, encostando o rosto nas palmas da mão dele, saudosa do seu carinho, replicou:

– Por que você só veio agora? Eu esperei tanto por você, por uma palavra, algo que me fizesse entender o que estava acontecendo... Mas você se esquivou, me evitou, o que me deixou desesperada! Tanta indiferença me fez muito mal, Ronie! E saber que você estava com aquela mulher, só fez tudo piorar! Não precisava ter terminado assim, algo que foi tão bonito entre nós dois – lamentou ela, com lágrimas nos olhos.

Não, Viviana não tinha forças para brigar, discutir, cobrar atitudes de forma mais contundente. Lamuriava, lamentava o que tinha acontecido. Sentia-se frágil e abalada emocionalmente e tudo aquilo aflorava de forma inesperada diante de seu amado.

Ainda amava Ronie? Não sabia, ao certo, como definir o que sentia por aquele rapaz bonito, olhar confiante, modos carinhosos que estava, agora, sentado diante dela, segurando suas mãos. Ouvia seu desabafo. Era uma forma de amar também, percebeu Viviana. Não estava tudo destruído. Ele estava ali demonstrando que não, não era o fim. Algum sentimento profundo de ternura haveria de ficar daquele relacionamento desfeito. E foi o que se pôde perceber da conversa que se seguiu.

Aos poucos, foram se recuperando da emoção inicial e seguiram para a cozinha, a fim de tomarem um delicioso suco e comerem algumas frutas.

O diálogo passou a girar em torno de amenidades. Ronie já sabia da chegada de Vicente, pois sua mãe comentara o encontro dos dois no aeroporto. Recordando o fato, ele comentou:

– Sabe quem estava chegando naquele dia? A tia Dudu, você a conheceu.

– Sim, eu lembro muito dela! Uma doceira fantástica! – elogiou Viviana.

– A tia Dudu veio para ajudar na partida dos meus pais. Depois do que aconteceu com a Érica, tem vezes que eles parecem um tanto aéreos, distraídos, esquecidos. Não é nada orgânico, eles já fizeram exames, está tudo bem! É por causa do abalo emocional, mesmo. E, então, a tia veio para ajudá-los. Ainda ontem estava se desfazendo de alguns objetos da Érica. Meus pais nem conseguiam entrar no quarto dela. Queriam manter tudo como era. Minha tia disse que isso não era bom nem para eles, nem para Érica.

"A Dani e eu já tínhamos doado algumas coisas, mas chegou a um ponto que eu também não consegui. Enfim, a tia Dudu está nos dando uma boa força quanto a isso. Ela conversa muito conosco, nos esclarece, ela é espírita, você sabe."

– Sim, eu gosto muito da sua tia! Conversamos algumas vezes e eu simpatizei muito com ela!

A referência carinhosa à mulher, com quem ela discutira dias atrás, não passou despercebida por Viviana. Um tanto sem jeito, ela perguntou:

– Seus pais já estão aceitando sua união... com ela?

– Eles ainda resistem à ideia, mas quem tem que decidir sobre isso somos nós dois. E nós queremos e vamos ficar juntos, Vivi – declarou ele, com firmeza.

A frase, dita com tanta convicção, desarmou Viviana. Pelo visto, havia mesmo perdido seu amor para outra mulher, como se fosse possível perder o que nunca se teve.

– Por que eu não fiquei sabendo dessa decisão antes?

– Eu iria lhe contar, Vivi... Nós decidimos voltar naquela festa, não estávamos nos encontrando antes, conforme você imaginou. Eu iria lhe procurar, tenha certeza disso. Mas, com o acidente, enfim, tudo mudou. Preferi dar tempo pra você se recuperar. Perdão se eu agi mal. O que eu quero que você saiba é que eu não fui desonesto, eu queria muito que desse certo entre nós dois, tudo que eu senti por você foi verdadeiro...

– Mas a quem você ama de verdade... é a Dani? – indagou ela com os olhos baixos.

– Sim, Vivi. Hoje eu sei que quero passar a minha vida com ela, concordem ou não, aceitem ou não. Eu amo demais esta mulher.

A última frase incomodou Viviana. Ela se dirigiu para a sala. Não sabia o que dizer. Palavras? Numa situação como aquela? A franqueza de Ronie a atordoava, não deixava margens para ilusões. Dali a um tempo, ela iria entender que foi melhor assim. Melhor preservar a dignidade e terminar um relacionamento com respeito mútuo.

Jamais entenderia aquela preferência dele por uma moça de origem humilde, que trabalhara desde cedo pelo próprio sustento e nunca contou nem de perto com as facilidades que ela, Viviana, sempre havia contado. Enfim, ele havia se decidido. Ficaria ausente pelo período suficiente para não provocar um afastamento tão traumático nos pais, ajudaria nas questões relativas ao retorno deles e, depois, vida nova ao lado de sua eleita.

Um silêncio se fez entre os dois e foi quebrado pela inesperada pergunta do visitante:

– E o violão? Não tem tocado mais?

Só depois de alguns segundos, ela entendeu que ele se referia ao instrumento que vira em um canto da sala.

– O coitado tá esquecido aqui! – comentou ele, tomando-o nos braços

– Você vai... tocar? – perguntou ela, um tanto surpresa com a atitude dele.

– E por que não? – respondeu o rapaz, com outra pergunta, enquanto afinava o instrumento.

– Eu nem penso em tocar esse violão! Achei que a Silvana tivesse se desfeito dele.

– Desfazer-se do violão que você toca tão bem? Ela jamais faria isso!

Por certo, Ronie recordou das horas felizes que passou junto a Érica e Viviana, tocando e cantando com os amigos. Notou que Vivi via seu gesto de tomar a si o instrumento quase como uma profanação de algo sagrado. Ainda assim insistiu.

Ela estava, agora, novamente na varanda, apreciando o céu no entardecer. E fechou os olhos ao ouvir os acordes de uma canção que Ronie sabia que ela gostava e que falava muito ao seu coração, naquele momento:

> Ei dor, eu não te escuto mais
> Você não me leva a nada
> Ei medo eu não te escuto mais
> Você não me leva a nada...
> E se quiser saber pra onde eu vou
> Aonde tenha sol, é pra lá que eu vou.[4]

---

4 Música "O sol", de Jota Quest.

Viviana sorriu. Lembrou-se do passeio com o pai, dias antes, quando foram surpreendidos pela chuva e cantaram essa mesma música, sem se importarem com a chuva a encharcar suas roupas.

Virou-se para ele e pôs-se a cantar também.

Aproximando-se do prédio, Leonor retornava com as compras. Caminhava devagar, preparava-se mentalmente para chegar ao apartamento e ver cenas de uma batalha campal. Imaginava discussões, troca de acusações, muito choro e sofrimento. Vinha disposta a acalmar os ânimos. Porém, qual não foi a sua surpresa ao aproximar-se do apartamento e ouvir som do violão e Viviana a cantar. Antes de entrar, Leonor sorriu, satisfeita, e pensou:

– Estão selando a paz! Como é bom ouvir a Vivi cantar!

E, pouco depois, era mais uma voz a se juntar à deles.

5

Dulcina Freire, 62 anos, foi a primogênita da família de Áurea, mãe de Ronie e Érica.

Cedo, aprendeu a ajudar a família, constituída pelos pais e mais uma irmã, além de Áurea. A terceira, Esther, desencarnara muito jovem, ainda.

Cresceram, Dulcina e, Áurea sempre muito próximas e amigas. Moravam na mesma cidade, a bela Goiânia, até que Áurea e o esposo Alberto decidiram mudar para São Paulo em função de estudo e trabalho dos filhos.

Assim, Dulcina ou Dudu, como era mais conhecida, continuou seus afazeres de doceira renomada, temperamento expansivo e alegre, sempre muito carismática e prestativa.

Há muito vinculou-se, juntamente com o esposo, a um pequeno centro espírita onde participava de atividades assistenciais e educava a mediunidade da vidência e da psicofonia, bem como aplicava passes, prosseguindo em suas atividades mesmo depois da desencarnação do esposo.

Embora suas crenças diferissem das de sua irmã e cunhado, ambos católicos, Dudu movera-se de Goiânia a São Paulo no desejo de ajudá-los nessa difícil transição. Sabia-os abalados pela morte da filha querida. Prontificara-se a auxiliar na mudança, visto que tanto Áurea quanto Alberto não tinham condições, principalmente emocionais, de organizarem tudo sozinhos.

Os objetos de Érica ainda estavam guardados nos lugares de sempre. Devagar e com muita paciência ela foi selecionando roupas e objetos pessoais para doação. Fez tudo com muito cuidado, após longas conversas com os pais que, a princípio, relutavam em se desfazer dos pertences da filha.

Dudu entendia o quanto o desencarne repentino, no auge da juventude, estava exigindo em paciência e compreensão, tanto da parte dos familiares, quanto da própria Érica. Então, rogava por todos em suas preces, convidava os familiares para o estudo semanal do Evangelho no Lar, na certeza de que isto poderia infundir novas forças àquela combalida família. No entanto, Alberto recusava-se a participar e era respeitado em sua decisão.

Seria preciso muito tempo para os pais se recuperarem do tremendo choque, avaliava ela. E, talvez, o retorno à cidade de origem, conforme tanto insistia o pai, fosse mesmo uma boa providência. Seu filho iria com eles e permaneceria por tempo suficiente até organizar a chegada. Depois, voltaria a viver com Daniela. E isto também era motivo de insatisfação. Na visão de Áurea e Alberto, a jovem teve culpa no acidente que motivara a morte de Érica. Não deveria ter se envolvido com Ronie sabendo que ele ainda estava comprometido com Viviana.

No entanto, dias antes, Dulcina conversou com Daniela e ficou vivamente impressionada com a fibra e a garra daquela moça, que sempre foi tão exigida e sempre buscou cumprir com seus deveres. Seria justo acusá-la indefinidamente?

Aliás, Dudu notara, em todos, a busca por um culpado pelo fatídico acontecimento. Uns acusavam a jovem que avisara Viviana, outros a própria Viviana, e ainda haviam quem inculpasse Daniela.

E Dudu se perguntava: "Valeria a pena tanto sofrimento e amargura na busca de um culpado, fosse quem fosse?". No seu modo de entender, esta era uma busca inútil. Isto não mudaria o curso dos acontecimentos.

O fato era: não teriam mais perto de si a presença alegre e irreverente de Érica e deveriam aprender a lidar com a nova realidade. Encerrara-se a experiência terrena da jovem, prosseguiria ela vivendo e progredindo em outra dimensão, usufruindo de tudo que aprendera na sua mais recente encarnação.

Porém, essa era uma crença dela, Dudu, não compartilhada pelos demais familiares, e isso lhe exigia muita habilidade no trato com eles. Cabia-lhe ajudar sem doutrinar, amparar sem impor, orientar e sugerir quando solicitada e, em muitas ocasiões, mais ouvir do que falar. Era essa a maneira mais sensata de agir e servir, no seu entender.

E foi em estado de prece que eu, juntamente com Fernando, encontramos Dulcina, naquela noite estrelada, durante a exposição que antecedia ao passe, em um centro espírita a algumas quadras da residência de sua irmã.

O orador discorria justamente sobre a desencarnação em idade precoce, dor que aflige a tantos lares. Fernando e eu observamos que o tema servia a grande parte da assistência. Muitos ali presentes passaram ou estavam passando pela desventura de ter se separado de amigos ou familiares, ainda na juventude, em decorrência da tão temida morte.

Recordava o orador que os laços autênticos não se desfazem, continuam existindo mesmo após a morte física.

Muitos ouviam, emocionados e esperançosos de que seus queridos pudessem estar contanto com o socorro e a boa assistência dos amigos espirituais.

Dulcina ouvia e meditava. A quantos corações ela mesma não havia levado a doce consolação que agora lhe era oferecida? Ela mesma passara pela dor de se afastar prematuramente da irmã Esther que, após meses de enfermidade, retornou à Vida Maior. E foi a primeira pessoa a lhe dar notícias do que se passa após a longa viagem do espírito depois da desencarnação. Esther, em mais de uma oportunidade, retornou mostrando-se feliz com o que via e aprendia. Neste sentido, a enfermidade a auxiliou, pois ela foi pouco a pouco despertando para as realidades do espírito e se desprendendo paulatinamente.

Esther, já há algum tempo, não lhe aparecia mais com a nitidez de antes. Pressupunha Dulcina que a querida irmã, após aproveitar bem a breve passagem pela Terra, preparava-se para um estágio superior de existência, onde se aprimoraria ainda mais.

A irmã de Áurea, em suas preces, recordava com carinho do esposo já desencarnado e, também, de Érica e de seus familiares. Com a sobrinha havia sido bem diferente. A desencarnação violenta e repentina pode trazer sério abalo aos espíritos, ao contrário do que acontece em enfermidades prolongadas, como foi o caso de Esther.

Sendo assim, a tia Dudu foi a primeira pessoa a quem Érica se referiu, quando despertou na vida imaterial. A ternura e o amor que emanavam daquela mulher era algo muito intenso.

Enquanto Fernando permaneceu na instituição, acompanhando o socorro a alguns desencarnados, acompanhei tia Dudu no seu retorno à casa.

A lua cheia no céu estrelado fez com que ela, por breves instantes, se reportasse ao passado. Em noites como aquela de temperatura agradável, não poucas vezes, os pais, tios e alguns amigos se reuniam para fazer serestas em sua terra natal. "Eram os tempos de inocência", dizia Dudu para si mesma, como que voltando a sua meninice e juventude

Ela olhou para o céu e, contemplando a beleza do luar, recordou a canção de Chiquinha Gonzaga: "oh lua branca, por quem sois, tem dó de mim...".[5]

Uma vizinha ofereceu-se para acompanhá-la e seguiram juntas até a quadra onde Alberto e Áurea moravam.

Ao abrir o portãozinho externo, já notou uma movimentação diferente na casa. Alberto falava alto, mas não se entendia bem o que falava. A esposa apenas resmungava em tom de lamentação.

Dulcina abriu a porta devagar e logo entendeu o que se passava. De fato, a irmã e o cunhado discutiam no quarto. Pôde ouvir com clareza quando ele, com voz de quem havia, mais uma vez, se entregado à bebedeira, acusou:

– Foi, sim, por sua causa... Se você não tivesse insistido tanto pro Ronie namorar aquela riquinha mimada, nada disso teria acontecido e Érica ainda estaria aqui! Foi você que paparicou aquela doida... Eu me lembro... "Filha de fazendeira, o pai trabalha na multinacional, Ronie vai fazer um bom casamento..." Era só o que você dizia... E agora? Nossa Érica se foi...

Áurea escutava em silêncio, suportava angustiada aquela tortura de se ver acusada, pelo próprio marido, pela morte da filha. Ele havia chegado bêbado, ela encaminhou-lhe para o banho e, agora, procurava acomodá-lo para dormir, o que não tardou a acontecer.

5 Música "Lua branca", de Chiquinha Gonzaga.

Logo que Alberto adormeceu, Áurea dirigiu-se para o pequeno oratório que tinha no final do corredor e ali, ajoelhada diante da imagem de Nossa Senhora Aparecida, orava, num pranto convulsivo, pedindo ajuda e perdão!

– Vós, Nossa Senhora, que sabeis a dor de perder um filho, auxiliai-me nesta minha dor insuportável! Não, eu não sou culpada! Somente quis o melhor para os meus filhos! Perdão, minha mãe, perdão!!!

Mais uma vez, com sua sensibilidade mediúnica, Dulcina captou a presença de energias densas naquele lar. Entristecera-se com o que ouvira do cunhado, mas entendia que era uma forma de desabafar a dor aguda que sentia e que não era menos intensa em Áurea. Mais uma vez, a busca de culpados pelo infausto acidente! Até quando iria isso?

Contrita em suas orações e lamentações, Áurea nem percebeu à presença da irmã. Essa, por sua vez, dirigiu-se até o quarto do cunhado, abrindo a porta devagar. Dulcina orou por ele. Esta atitude ajudou muito no socorro a um desencarnado que estava próximo de Alberto, aguardando seu desprendimento do corpo para atormentá-lo ainda mais. Entidades amigas tanto de Áurea, quanto de Dulcina, conduziram-no para tratamento adequado.

Depois de verificar o estado de Alberto, ela dirigiu-se à irmã que, agora, levantava-se e enxugava as lágrimas. Dulcina apenas abraçou-a, envolvendo-a num abraço tão reconfortante que dispensava palavras.

Era disso que a mãe de Érica precisava. Conforto, e não recriminações. Sua cabeça latejava, um mal estar a dominava ao lembrar do acontecido. As duas mulheres se dirigiram para a cozinha, onde fizeram um chá e prosseguiram a conversa, enquanto Áurea se recompunha do forte abalo emocional e comentava:

– Você entende, agora, o porquê da urgência em voltarmos para Goiânia? Não há mais sentido vivermos aqui! Alberto se junta com esses beberrões e só piora tudo! De volta à nossa terra, em nossa casa, na companhia dos bons e velhos amigos, ele vai ter melhores condições de reagir e, para mim, será melhor também! Cada vez tenho mais horror a esta cidade e a essa gente!

Dudu ouvia, pensativa. Temia que mais uma vez a irmã estivesse a criar ilusões. Sempre tivera essa tendência e isso não mudou com os anos. Áurea trabalhara muito ao lado de Alberto; ele bancário, agora aposentado, e ela como costureira. Em São Paulo, havia sido contratada por uma empresa de alta costura e tomara contato com pessoas de elevada condição social, o que provocou nela a ilusão de um dia poder fazer com que os filhos conseguissem, de alguma maneira, participar daquele mundo de riqueza e esplendor que a fascinava. De fato, sempre quis que Érica e Ronie frequentassem a alta roda, como ela dizia, na esperança de vê-los bem empregados e bem casados.

Agora, acalentava outra ilusão: a de que a simples mudança de endereço poderia pôr fim aos sofrimentos e infortúnios. E quanto a isso, expôs seu ponto de vista:

– Há algo que você precisa considerar, irmã querida, para não alimentar falsas expectativas: a mudança de endereço só vai ajudar se vocês se modificarem internamente; do contrário, continuarão a agasalhar dentro de si um inferno a perturbá-los, seja aqui, seja em Goiânia, seja em qualquer outro lugar...

– Eu preciso sair daqui, Dudu – clamava Áurea –, preciso sair daqui e levar o Ronie comigo! Ele não pode ficar com aquela mulher, ela nada tem a oferecer a um rapaz como meu filho! Ele só vai desperdiçar a mocidade com ela e mais tarde vai se arrepender! Preciso evitar que isto aconteça!

– Eu entendo, Áurea, entendo sua preocupação de mãe – tornou Dulcina com brandura –, mas considere, também, que Daniela e ele se amam e que ela é uma mulher de fibra e coragem, dessas que avançam e fazem os maridos progredirem. É disso que Ronie precisa, de uma mulher segura, e não imatura como é a Vivi... Aquele ciúme era doentio, puro desejo de posse. Não era amor, não iria fazê-lo feliz como você pensa, Áurea!

– Mas aquela menina já está com a vida ganha, escolha ela o que quiser... Com a tal Daniela, ele vai ter que começar do zero...

– Sim, isso é que tem valor, o resultado do esforço dos dois. São jovens, inteligentes, capazes... Eles vão construir um vida boa juntos, Áurea! Talvez não vivam no castelo encantado que você sonhou, mas serão felizes... se vocês não interferirem nisso!

A irmã de Dulcina ouvia, porém não se convencia. Em dado momento, rebateu:

– Você não me entende! Eu já perdi minha filha para morte! Não quero perder meu filho para a vida!

– Você só vai perdê-lo para a vida, se não respeitar as decisões dele e insistir em viver por ele! É desta forma que você pode destruí-lo, frustrá-lo... Vai ser pior do que perdê-lo para a morte! Ronie está certo! Se não se separar de vocês agora, para tornar-se independente e construir sua vida ao lado da mulher que ama, não o fará mais e corre o risco de ser um homem frustrado para o resto da vida. Você me entende? Certamente não é isso que você quer!

Áurea estava em silêncio. Naquele momento, ainda abalada, era difícil discernir se a irmã tinha ou não razão. Em silêncio, mais uma vez as duas se abraçaram. A seguir, foram repousar, preparar-se para o novo dia.

E foi no dia seguinte que Dudu tomou a decisão de ir visitar Viviana. Nem a chuva torrencial que se abateu sobre a capital paulista naquela tarde a demoveu de sua intenção. Pela manhã, preparou o doce que Vivi tanto apreciava.

Alberto nada comentou ao saber da decisão da cunhada. No seu entender, a ex-namorada do filho não merecia mais nenhuma atenção da parte deles. Viviana, com seu gênio intempestivo e inconsequente, ocasionara a morte de Érica. Quanto à noite anterior, guardava vaga lembrança. Seus dias nunca mais teriam a alegria de antes, ajuizava ele, tomado pelo rancor.

Já Áurea ajudara a irmã a preparar os doces. Embora não se sentisse encorajada a se avistar com a moça, desejava, de todo o coração, que se recuperasse e voltasse a andar. De tragédia já bastava a morte da filha amada.

E, assim, Dulcina rumou para o endereço em zona nobre da capital.

A simpatia entre Vicente e a visitante foi imediata. Foi ele quem a recebeu. Recordava-se de tê-la conhecido em uma festa de aniversário de Ronie, onde ela também havia sido a responsável pelo bolo e pelas iguarias. Na ocasião, conversara pouco com ela. Dudu, sempre disposta, prezava muito pela companhia dos jovens e com eles se reuniu para cantar, animada, músicas de diferentes épocas, numa agradável confraternização.

Sabia que ela estava ali em missão de paz, solicitada pela própria Viviana. E já fazia cerca de meia hora que as duas conversavam nos aposentos da jovem.

Na sala, Vicente observava o jeito inquieto da esposa. Ela não manifestava, mas a presença de Dulcina junto à filha provocava-lhe certo desconforto.

Estela buscava distrair-se lendo uma revista, contudo, sua atenção não estava voltada para a leitura. Até que a largou e deu a conhecer o motivo de sua inquietação:

– Será que agimos bem em permitir essa visita, Vicente? O que será que essa senhora tanto conversa com a Vivi? Só espero que não ponha, na cabeça dela, essas ideias estranhas do tal espiritismo que diz professar.

Vicente conhecia a razão da desconfiança da esposa. Estela tinha certa prevenção contra os espíritas, curandeiros e charlatões (ela incluía a todos na mesma categoria, assim como faz a maioria das pessoas) desde o triste episódio envolvendo o seu avô. Marcondes, já com idade avançada e adoentado, confiou-se aos cuidados de um homem que se dizia médium de cura, que tomou boa parte de seu dinheiro e, com isso, a doença só se agravou. Depois, sumiu e nunca mais se teve notícia dele.

Devido a esse fato, Estela tinha sérias desconfianças de tudo que se relacionasse ao espiritismo, que sabia ser a crença professada por Dudu.

Vicente procurou tranquilizá-la:

– Querida, nem todos os espíritas são aproveitadores e desonestos. Há os maus espíritas, assim como há os maus católicos, maus evangélicos, maus umbandistas e assim por diante. O mal não está na religião, e sim na pessoa que é desonesta. Tenha certeza disso. O rapaz que enganou seu avô estava apenas iniciando seus estudos na Doutrina Espírita, pelo que eu apurei na ocasião. Não deixe que essa triste experiência ocorrida com o seu Marcondes a marque para sempre e a afaste das pessoas. Quem sabe Dudu possa nos ajudar – concluiu ele, colocando a mão nos ombros da esposa.

– Assim espero, querido! Estamos precisando de boas pessoas ao nosso lado para que possamos ajudar nossa Vivi.

Já no quarto, acompanhávamos a conversa entre a jovem e a visitante:

– "Eu amo demais aquela mulher"... Foi assim que ele me disse, Dudu, com todas as letras! Isso está ecoando nos meus ouvidos até agora... Só não entendo porque não me disse antes, porque se esquivou de mim e não foi objetivo. Isto que eu não entendo. Tanta coisa poderia ter sido evitada.

– Certamente porque ele mesmo estava confuso... Pelo que eu sei, foi naquela noite do acidente que eles decidiram reatar o namoro... Só então ele fez sua escolha. De qualquer maneira, agora você sabe que só pode contar com a amizade de Ronie, com a ternura que ele tem por você e a gente sente cada vez que ele toca no seu nome.

Viviana silenciou. Queria muito acreditar que o sobrinho de Dulcina não havia agido por mal, certamente por insegurança mesmo. Assim como ela também agiu.

A interlocutora falava com serenidade e segurança. Era alguém em quem se podia confiar. A tia Dudu era muito querida, tanto por Ronie quanto por Érica. E ali comparecia, não para 'livrar a cara' do adorado sobrinho e escusá-lo de suas atitudes, mas para levar Vivi a examinar a situação sob um novo ângulo. Quem sabe, assim, ela encontrasse mais facilidade para perdoá-lo e perdoar-se, parando de se torturar com "o que poderia ter sido e não foi"?

– Então, Dudu, pelo que você me diz, é como a letra da música do Lulu Santos: "nada do que foi será de novo do jeito que já foi um dia".[6]

– Sim, querida, mas nada impede que vocês possam ser excelentes amigos!

– Não sei se quero isso. Aliás, não tenho mais certeza de nada! Por enquanto, eu prefiro que Ronie fique mesmo afastado, vivendo ao lado de quem ele escolheu. Ao que parece, eu já me intrometi demais nessa história.

– Não se acuse, querida! Você fez o que fez movida pela paixão, acreditou que o meu sobrinho era a pessoa para viver ao seu lado!

6 Música "Como uma onda".

Com o tempo, com o seu amadurecimento, descobrirá que amor é muito mais do que isso! Mas quem é a velha Dudu para lhe aconselhar? Você descobrirá por si mesma e de maneira surpreendente quando chegar o momento, porque é assim que costuma acontecer!

Dudu olhava para a jovem diante de si. Ainda tinha bem viva, na memória, a jovem alegre, divertida que junto a Érica, Ronie e outros amigos cantava e animava as festas. Como no aniversário do ex-namorado, por exemplo.

Trazia ela, agora, a fisionomia abatida, tanto pelo sofrimento físico, quanto pelo moral. Mas ainda era cedo para desistir. Ela mesma tinha visto inúmeros casos de superação, de pessoas que tiveram de lidar com limitações físicas desde sempre e triunfaram na vida profissional e afetiva. O verdadeiro amor ainda estava por vir, acreditava Dudu.

Parecia, porém, que isso não estava nas cogitações de Viviana. No íntimo, outra questão a inquietava: ela queria expor, mas não sabia como.

As mãos dela buscaram as de Dudu e, faceando-a, deu um longo suspiro.

A interlocutora percebia o sofrimento íntimo no olhar da moça. Ela parecia buscar palavras, mas temia remexer em feridas. Devia ser isso, presumia. E então, em prece silenciosa, clamou:

– Bons amigos, em nome de Deus! Se estou aqui diante dessa alma, ajudem-me a auxiliá-la. O peso da culpa a mantém nessa cadeira de rodas. Por piedade, ajudem-nos!

Dulcina promoveu, assim, a intensificação da ligação que nos unia. Aproximei-me, pus a mão em seu ombro, num gesto muito característico. Ela me percebeu. E indagou:

– Aninha, é você, minha querida?

– Sim, Dudu! Fique confiante! Estamos com você!

A conversa tomou, então, um novo rumo.

– Fale, Viviana – encorajou Dudu –, estou aqui para lhe ouvir. Fique à vontade.

– Dudu, eu peço perdão a ela... Desde que soube que a Érica não tinha sobrevivido, eu só fiz chorar e pedir perdão. Se eu pudesse, voltaria no tempo e desistiria daquela ideia maluca de vir para São Paulo. Se eu pudesse imaginar que isso custaria a vida da minha amiga... Jamais, Dudu, jamais...

As lágrimas vertiam em abundância. Dudu escutava o desabafo que precisava acontecer e, a seguir, ouviria a pergunta que assomava à mente da jovem:

– Será que um dia ela vai ser capaz de me perdoar? O que eu fiz foi muito sério! Todo mundo me diz que ninguém poderia imaginar que fosse ter um desfecho tão terrível, mas isso não diminui o tamanho da minha culpa...

– Viviana, você teve responsabilidade pelo que aconteceu e deverá responder sobre isso aos olhos de Deus. Mas culpa é um peso grande demais para você carregar pelo resto da vida. Não temos poder sobre os acontecimentos de nossa existência. Talvez um dia, venhamos saber que a morte violenta de Érica tenha sido programada para ser dessa forma; do contrário, ela teria sobrevivido. Eu tenho a mais absoluta certeza de que agora ela se encontra sob os cuidados de bons amigos espirituais. Sempre que oro pela minha sobrinha, eu sinto uma grande paz. Ela está bem amparada, é esta certeza que me conforta.

– A maneira como você fala, Dudu, me faz entender que ela está bem e que um dia, quem sabe, eu possa me ajoelhar aos pés dela pra pedir perdão.

Captando minha sugestão, Dudu falou com segurança:

– Érica não a acusa de nada, Viviana, de nada. Ela está se adaptando à vida espiritual e não acusa ninguém pelo acontecido, você pode ter certeza disso!

– Ah! Eu quero muito acreditar que não pus fim à existência da minha amiga! Que ela segue vivendo bem em algum lugar, acompanhada por amigos menos doidos do que eu!

Viviana, emocionada e num gesto carinhoso de gratidão, beijou as mãos de sua querida amiga. Ela não tardaria a partir. Em pouco tempo, estaria de retorno a Goiânia, dessa vez acompanhada pela irmã e pelo cunhado.

Daquela conversa ficariam algumas sementes a germinar no tempo exato.

No jantar, Viviana comunicou a todos que aceitava viajar com a família para Campos do Jordão. Todos exultaram! Queriam muito vê-la retomar o gosto pela vida e pelas atividades que tanto apreciava! Aquele poderia ser um bom recomeço.

De fato, a visita de Dudu surtiu um bom efeito no ânimo de Viviana.

Era nisso que Estela meditava, em uma madrugada enluarada, em seu quarto, já na fazenda, em Campos do Jordão.

O dia havia sido longo. Saíram bem cedo de São Paulo, ela, o esposo e as filhas. Estava feliz por ver todos reunidos em seu recanto amado em um feriado prolongado.

Durante o dia, vira o esposo ocupar-se com o pomar da fazenda; viu Silvana finalmente dar seus longos passeios a cavalo, algo que amava fazer.

De início, os empregados mostraram um olhar de tristeza e desalento ao ver a filha mais nova da proprietária chegar em uma cadeira de rodas. No entanto, a própria Viviana tratou de desfazer alguma ponta de tristeza e, bem acomodada em uma charrete, seguiu na companhia do pai para um passeio pela propriedade, revendo cenários queridos de sua infância.

Vicente parecia estar encontrando uma forma de fazê-la reagir, de acender em si uma chama de esperança, sem a qual tratamento nenhum seria bem sucedido.

Estela, pensativa, mirando o belo luar, da sacada do quarto, observava Vicente que ressonava, depois de um dia movimentado. Ele que sempre foi o amor de toda a vida, estava a seu lado, mais uma vez. E talvez tivesse razão quanto à influência benéfica de Dulcina, de quem ela suspeitara de início.

Nos últimos dias, viu a filha entretida com leituras recomendadas por ela, pelas quais se manifestara vivamente interessada. Este fato em si já representava muito, visto que a jovem andava desinteressada de tudo ultimamente, até mesmo de viver. No entanto, naquela noite na fazenda, até o violão que há muito tempo ela não tocava, voltou a ser seu companheiro. Até mesmo uma música de Tom Jobim[7]

---

7 Música "Eu sei que vou te amar".

ela cantou, emocionada, homenageando os pais por saber que tinha muito a ver com a história deles:

> Eu sei que vou te amar
> Por toda a minha vida eu vou te amar
> Desesperadamente, eu sei que vou te amar [...]
> Eu sei que vou sofrer
> A cada ausência tua eu vou chorar
> Mas cada volta tua há de apagar
> O que esta tua ausência me causou...

Era como se, aos poucos, Viviana estivesse voltando, embora, todos soubessem que não deveriam esperar que ela fosse a mesma pessoa de antes, face à grande transformação ocorrida em sua vida.

Ali, a sós, na calma da madrugada, Estela refletia. E considerava estar feliz por ter a ilha de volta, ainda que seriamente lesionada. E mais uma vez recordava-se da terna presença da senhora que fora até eles, dias antes, com doces e carinhos. Ela não tivera a mesma felicidade. Sua sobrinha não regressara ao lar e, ainda assim, ela dispôs-se a ir até Viviana, sem cobranças nem acusações, mas com o intuito de ajudá-la a reencontrar-se consigo mesma.

Talvez Vicente estivesse certo e nem todos os espíritas merecessem a pecha de desonestos e aproveitadores. "Mas como era difícil distinguir!" – ajuizava ela. Jamais esqueceria daquele homem que, anos antes, prometera a cura de seu avô em troca de boa remuneração, causando tanto desapontamento ao velho Marcondes quando se percebeu enganado. Nunca mais o tal médium havia sido visto por aquele lugar. Muito tempo depois, ela soube que ele enganara a tantos outros, porém, dizia-se que estava só e empobrecido e que já não gozava mais do prestígio de antes.

Estela nunca manifestou interesse em saber mais dele, tomada de ódio que ficou por conta de sua atitude irresponsável e desonesta.

Embora ela não fosse muito afeita a orações, naquele momento de paz na alma, dirigiu a Deus um pensamento de gratidão. Orou por Érica. Não tinha certeza se os mortos, de fato, ressurgiam em outra dimensão, como ela sabia que ensinavam os espíritas. Porém, dirigia a ela um pensamento carinhoso, de paz, de perdão.

E foi em atitude de oração que Vicente a encontrou. Nada disse, apenas observou.

Quando ela viu que ele tinha despertado, novamente aninhou-se em seus braços. E voltou a dormir, junto ao seu grande amor.

* * *

Já na capital, a véspera do feriado prolongado foi o dia escolhido para a mudança da família de Alberto e Áurea. Ultimavam os preparativos. O primeiro acomodava mais alguns pertences no automóvel quando viu passar, perto de si, alguém que há muito não via e não desejava mais ter visto. A moça, acompanhada pela mãe, também ficou um tanto sem jeito ao perceber que se tratava do pai de Érica. Não sabia se acelerava o passo e fingia não o conhecer ou se o cumprimentava.

Diante da incômoda situação, a mãe de Eliana tomou a iniciativa de cumprimentá-lo:

– Seu Alberto! Estão de mudança!

Ele as reconheceu. Eliana e a mãe não moravam no bairro, porém, seguidamente, visitavam parentes que moravam ali perto. A jovem circulava muito com Ronie, Érica e mais alguns amigos. E foi ela que, naquela noite, ligou para Viviana para avisá-la onde se encontrava o então namorado.

Desde então, um profundo mal-estar surgiu entre ela e a família do rapaz. E Alberto, muito amargurado, logo deu a conhecer que não esquecera o ocorrido:

– Sim, vamos embora deste lugar amaldiçoado que só infelicidade nos trouxe! E tudo porque essa infeliz não soube segurar a própria língua!

Eliana baixou os olhos, envergonhada. A mãe respondeu:

– Não fale assim, senhor Alberto! Entendo a sua raiva, mas saiba que Eliana está fazendo tratamento psiquiátrico por conta do que aconteceu com Érica... Ela se arrependeu muito...

Alberto, vociferando, a interrompeu:

– Que me adianta o arrependimento dela! Ela sempre teve ciúmes do meu filho, nunca aceitou que ele quisesse outras moças e não a ela. E não sossegou enquanto não conseguiu fazer uma boa intriga para atrapalhar ainda mais a vida dele! E, por causa dessa maldade, minha Érica não está mais aqui...

A moça quis evadir-se, mas ele segurou-a pelo braço:

– Aprenda a não fazer mais intriga com mais ninguém, a não se intrometer nos assuntos dos outros ou vai ter muito com o que se arrepender ainda...

– Alberto, o que você está fazendo? Solte o braço dela! – gritou Áurea do lado de dentro da casa, ao ver o que se passava ali fora.

Ronie chegou na hora da discussão e, aproximando-se, procurava acalmar o pai, levando-o para o interior da casa.

Dulcina, que estava em um dos quartos, não chegou a presenciar a cena, mas, pelo estado em que seu cunhado se encontrava, entendeu que ele se envolvera em mais um desentendimento.

Observava o cuidado de Áurea com o esposo. Após sorver um copo d´água, um pouco mais calmo, ele comentou, com os olhos lacrimejantes:

– O que essa dor está fazendo comigo? Eu nunca fui assim, nunca agi assim com ninguém... mas essa dor terrível me transforma numa pessoa que nem eu reconheço...

Com ponderação, Áurea considerou:

– É como nos diz a Dudu: de nada vai adiantar mudarmos de endereço se levarmos conosco esse inferno abrasando em nosso íntimo, meu querido!

– Eu precisava falar... Eu precisava desabafar... Ela tinha que ouvir... O que ela fez foi muito grave!

– Eu acredito que se Eliana pudesse supor o alcance que teria, a consequência terrível de sua maledicência, jamais teria agido como agiu. Espero que, ao menos, tenha servido para ela amadurecer.

– Pois eu quero que ela sofra pelo que fez! Gente ruim como ela tem que sofrer para sentir o mal que faz aos outros!

Alberto se retirou. Havia nele um poço de ressentimentos e de rancor. Áurea temia pela sua saúde física e mental. A brutal perda da filha, no seu entender, havia criado feridas de difícil cicatrização. E quanto a ela? Haveria de aprender a lidar com a saudade profunda da filha e a buscar formas de conviver com Alberto, fazendo-o ser novamente o bom companheiro de outros tempos, se isso ainda fosse possível.

Ela suspirou fundo. Em breve, rumaria para a querida Goiânia. Bom seria que Alberto conseguisse deixar para trás todo esse pesar. Era isso que ela mais queria.

Dulcina também reunia seus pertences para a viagem. De súbito, deu falta de seu livro companheiro de tantas horas, mas logo lembrou-se. Havia 'esquecido' *O Evangelho segundo o espiritismo* em um banco no aeroporto.

6

Recuemos um pouco no tempo. Precisamente dez dias antes dos acontecimentos narrados.

Era bem cedo, pela manhã quando, no aeroporto de Goiânia. Hélio Garcez aguardava seu voo de retorno a São Paulo.

O empresário tinha a fisionomia abatida e buscava distrair-se lendo uma revista. Hélio estava na capital de Goiás em visita a sua irmã, Leona, e à sobrinha, Martina. Chegara dias antes, mas agora compromissos inadiáveis aguardavam-no na capital paulista.

Hélio tinha dificuldade em concentrar-se na leitura.

Ao seu lado, uma senhora de fisionomia serena também lia. De súbito, levantou-se e saiu.

Hélio nem percebeu sua saída. Poucos instantes depois, olhou para o lado e viu o que ela havia deixado em cima do banco. Ele fez menção de chamá-la, porém, a senhora seguia, apressada. Ele ficou com o livro na mão e, por curiosidade, deparou-se com o título que se destacava no texto: "Mortes prematuras".

Foi como se tivesse levado um choque! Em segundos, seu pensamento recuou no tempo, quando viu tratar-se de um exemplar de *O Evangelho segundo o espiritismo*. Sentou-se com o pequeno volume nas mãos. Folheou algumas páginas sem desmarcar a que tinha encontrado. Era incrível! Lembrou-se, de imediato, da figura querida de seu tio. Ele já havia falecido há muitos anos e tinha o hábito de, vez ou outra, deixar alguns livros esquecidos para que outras pessoas lessem.

Há quanto tempo não tinha em mãos uma leitura como aquela? "Há muitos anos", avaliou. Leona e Martina ainda interessavam-se pelos estudos espíritas, tanto é que, em muitas oportunidades, durante a recente visita, comentaram sobre o assunto com Hélio. Ele, todavia, mantinha-se indiferente.

O mais curioso e inquietante é que o livro apontava justamente o item "Mortes prematuras". Como seria possível tanta exatidão? Só podia mesmo ser obra das inteligências invisíveis.

Hélio vivia um momento bastante doloroso em sua vida. Havia chegado a Goiânia tremendamente abalado pela desencarnação de seu filho Henrique, ainda muito jovem, vitimado por enfermidade de longo curso. O rapaz residia com a mãe em Denver, nos Estados Unidos, aonde fora trabalhar e estudar. No entanto, a doença implacável mudou os planos, obrigando-o a rigoroso tratamento. Anne, sua mãe, estava desolada! Hélio partira para os Estados Unidos e ali acompanhou os dois até o desencarne do filho.

Era uma realidade muito cruel! Ambos lançaram mão dos recursos mais modernos na tentativa de salvá-lo, mas, ainda assim, Henrique retornara à Pátria Espiritual, deixando profunda saudade.

E, naquele instante, para sua surpresa, Hélio estava sendo convidado a uma leitura que trazia profundas reflexões sobre o que os homens consideram como mortes prematuras!

Então, como há muito tempo não fazia, voltou toda a atenção para as palavras ali registradas. Ao concluir, deixou o livro onde havia encontrado.

Hélio recordou-se, então, da conversa que tivera dias antes com a irmã, que o aconselhara a retomar os estudos da Doutrina Espírita, os quais fizeram parte da formação de ambos. "Era preciso buscar suporte em leituras edificantes para vencer esta etapa difícil e dolorosa", recomendava ela. E, naquele preciso instante, parecia estar novamente ouvindo-a dizer:

– Hélio, se você não for até o conhecimento espírita, ele virá até você!

Por certo, ela iria adorar saber o curioso fato ocorrido com ele no aeroporto, que vinha a confirmar o que haviam conversado.

Aproximava-se a hora do embarque. Hélio dirigiu-se ao portão deixando o livro onde encontrou. Poderia servir para outra pessoa, assim como serviu para ele que seguia menos triste e apreensivo para seus compromissos.

Durante o trajeto, todavia, trechos da mensagem escrita por Sanson, registrada do capítulo V de *O Evangelho segundo o espiritismo* assomavam-lhe à mente. Estaria mesmo sendo convidado a retomar os estudos espíritas que fizeram parte de sua infância e juventude, vividos ao lado do tio? Foram tempos muito bons em que ele e a irmã, Leona, acompanhavam-no em suas atividades do centro espírita. A irmã prosseguiu; ele, todavia, foi se envolvendo cada vez mais e mais com atividades econômicas, profissionais, suas escolhas afetivas, mudança de cidade e, aos poucos, foi se afastando dos estudos que apreciava.

Porém, naquele justo momento em que passava pela tristeza de despedir-se do único filho, a Doutrina Espírita parecia lhe dizer novamente: "Vem, estou aqui para te confortar!".

No fim do dia, após atender aos compromissos mais urgentes, Hélio foi à procura dos livros espíritas guardados na estante. Encontrou vários títulos e perguntou a si mesmo como pôde se afastar deles por tanto tempo. Estavam esquecidos em um canto do móvel.

Ele reorganizou-os e abriu um a um, folheando alguns deles. De repente, encontrou um volume com uma dedicatória de alguém muito especial: Agnes, sua querida Agnes!

Conhecera-a muito jovenzinha nos grupos em que frequentavam. Apesar da diferença de idade, os dois se entrosaram muito bem. Não imaginava que ainda pudesse ter o livro ofertado com tanto carinho. Por onde estaria Agnes? Lembrava-se de alguém comentar que ela teria se casado e vivia ainda em São Paulo.

Ela foi uma das pessoas de quem ele se afastou, mesmo contra a vontade. Nutria pela jovem um afeto verdadeiro e sentia que era correspondido. No entanto, por ser ainda muito jovem, foi influenciada pela família que temia sua união com um homem mais velho. Já ele, acabou conhecendo Anne que, naquela época, vivia no Brasil. Com ela se casou, anos depois. Após a separação, Henrique, único filho do casal, foi morar com a mãe, nos Estados Unidos.

Reviravoltas da vida, considerava ele! Passava, mais uma vez, pelo quarto do jovem. A última vez em que tinha sido usado foi nas férias do ano anterior, quando o rapaz viera visitá-lo.

Henrique vivera no Brasil até os dezesseis anos, quando se transferiu para o exterior com a mãe, norte-americana. Apesar de ser um filho carinhoso, ele sempre teve mais afinidade com a figura materna do que com a figura paterna. Com o pai, desde a infância, o relacionamento fora marcado por conflitos.

Uma das principais razões desse afastamento era o fato de Hélio priorizar mais seu envolvimento com os negócios da família, tendo pouca convivência no próprio lar. Assim, não foram poucas as vezes em que Anne se via viúva de marido vivo e Henrique sempre com mais convivência com a mãe.

Eram cada vez mais frequentes os atritos entre pai e filho por conta de gostos e opiniões diferentes. No entanto, tudo aquilo tinha tão pouca importância! Tantas discussões por motivos irrelevantes. Tantos abraços que não foram dados, tantos diálogos que ficaram por acontecer. E, agora, o que ficava era a sensação de vazio.

No hospital, tivera poucas oportunidades de conversar com o filho internado em estado grave. Vê-lo debilitado pela doença foi uma experiência muito cruel. Sentira que tinha ido ao seu encontro tarde demais!

E quanto a Anne? Admirava demais sua coragem e tenacidade. Felizmente, seguiria contando com o apoio da família para enfrentar a vida sem o filho amado.

Hélio enxugou as lágrimas e foi para o seu quarto. No outro dia, inúmeros compromissos o aguardavam.

* * *

Foi só no final da tarde do outro dia que Hélio pôde conversar com mais calma com Osmar, seu primo, que, junto com ele, administrava as revendas de automóveis de propriedade da família.

Osmar estava animado. As obras de construção da nova sede da revenda estavam já em fase de conclusão. Mais alguns meses e tudo estaria pronto para a inauguração.

Só então, Hélio teve a oportunidade de contar sobre o curioso episódio ocorrido no aeroporto. E, finalizando, declarou:

– Eu lembrei muito do tio Augusto, que também fazia isso... Esquecia alguns volumes espíritas para divulgar! Sabe, aquela leitura me tocou bastante num momento que eu tanto precisava. Ainda estou muito aturdido pelo que aconteceu. Só consigo acreditar porque acompanhei os últimos dias do Henrique.

Vendo o ar de desalento do primo, comentou ainda:

– Seu pai era um espírita sincero, Osmar! Ele ajudou a muitas pessoas!

– De fato! Ele tentou ajudar mesmo as pessoas que estavam se perdendo em caminhos duvidosos, como ele mesmo dizia! Você lembra do Abel Aires, aquele médium curador que começou a trabalhar com ele no centro espírita, mas depois se afastou e decidiu fazer tudo por conta própria, a seu modo? Ele se cercou de gente ambiciosa e descompromissada e começou a cobrar consultas, algo assim. Você lembra desse caso?

– Lembro, sim! Isso foi muito comentado. Eu lembro que ele prometeu a cura para o avô da esposa do Vicente Bernardes, tirou dinheiro do velho e sumiu. E assim como ele, com outros tantos. O que houve com esse médium?

– Eu o encontrei há poucos dias. Ele me pareceu bastante arredio, mas quando me reconheceu, conversou comigo. Ele não está nada bem e se diz muito arrependido do que fez. Está com problemas de saúde e dissipou todo o dinheiro que conseguiu. Ele se diz abandonado por todos. Só agora reconhece que errou muito ao ignorar os conselhos que o meu pai lhe deu. "Agora é muito tarde para tentar fazer melhor", disse ele.

– Lamentável quando isso acontece. Ele tinha tudo para ser um bom trabalhador, segundo dizia o tio Augusto.

Após uma pausa, Osmar mudou o rumo da conversa:

– E já que você falou do nosso querido amigo Vicente Bernardes, saiba que a filha dele é uma das responsáveis pelo projeto da nova loja? Ela visitou comigo as obras na semana passada. É uma jovem muito competente, a Silvana. Já está trabalhando com um tio e vai se formar em breve. Eu gostei muito dela!

Hélio apreciou a novidade. Já fazia algum tempo que não via Vicente e sua família, mas sabia de notícias por meio de Osmar, que o via com mais frequência. E o primo seguiu contando:

– Enquanto conversávamos na frente da nova loja, uma amiga passou, a reconheceu e se aproximou. Você nem imagina quem era! Eu logo a identifiquei mesmo sem vê-la já há muitos anos, porque ela conserva a mesma jovialidade.

– Então, me conte quem era, Osmar! Pelo que vejo, você está cheio de novidades!

O primo fez uma pausa proposital, já antevendo o impacto que teria a sua revelação em seu ouvinte.

– Eu vi Silvana falando com a Agnes! Ela estava junto com uma menina, a filha dela!

Hélio de fato ficou surpreso. No dia anterior, havia recordado da ex-namorada de juventude e, quando menos espera ela ressurge, no meio de uma conversa!

– Agnes! Como ela está?

– Com o mesmo jeito, simpática e gentil! Ela ficou pouco à vontade ao me reconhecer, fazia muito tempo que não nos víamos. Silvana deve saber onde ela mora, ofereceu carona para ela e para a filha.

Osmar se calou. Apenas observava o efeito de suas palavras em Hélio, que tinha o olhar distante como se vagasse por outros lugares, outros tempos.

De repente, o telefone tocou e ele se retirou em seguida.

Enquanto ele se afastava, apressado como sempre, Osmar recordava do primo enamorado de tempos atrás, com planos de se unir a Agnes. Nem de longe lembrava o homem de negócios com quem conversara há pouco.

Aquele rapaz estava decidido a unir sua vida com a jovem Agnes quando Anne, inesperadamente, surgiu com novas possibilidades de relacionamento e crescimento profissional para o ambicioso Hélio. Este se afastou de Agnes, escolheu uma nova rota que, se por algum tempo, ofereceu-lhe a estabilidade tão desejada, agora, depois de tanto tempo, parecia cobrar a escolha feita com uma inquietação permanente, uma vida afetiva carente de sentimentos mais profundos, desses que enchem a existência de alegria e paz.

O filho de Augusto decidiu que não voltaria mais a tocar nesse assunto. Sentiu ser ainda tão incômodo para o primo, mais até do que ele mesmo pudesse supor. A simples menção do nome de Agnes fez com que Hélio mudasse instantaneamente a fisionomia.

Osmar era um vendedor experiente. Sabia ouvir até o que as pessoas não diziam, não verbalizavam. Observava gestos, olhares, reações imperceptíveis, e isto era fundamental para o sucesso de suas vendas. Notou que, se ela tivesse permanecido mais tempo, teria perguntado por ele, foi o que disse com o olhar. Já Hélio também não disfarçou a emoção.

Enfim, Osmar lembrou-se de um trecho da música de Raimundo Fagner, "Revelação", de: "Quando a gente tenta / de toda a maneira / dele se guardar / sentimento ilhado, morto, amordaçado, volta a incomodar".

E, assobiando a canção, saiu em direção a sua casa.

Aquela, porém, não seria uma noite como as outras.

Ao sair do trabalho, o primo de Hélio tomou a direção de sempre, entretanto, alterações no trânsito obrigaram-no a um trajeto diferente, um pouco mais longo. Curiosamente, nesse outro caminho, voltou a passar pela rua que, muitos anos antes, trilhara com seu amado pai, Augusto, velho lidador espírita já desencarnado.

Entrou devagar na rua, pouco movimentada, e se pôs a observar a entrada de frequentadores e de trabalhadores na singela casa espírita onde passara boa parte da infância e da juventude. Deixou-se tomar, por breves instantes, por forte nostalgia e estacionou o veículo em frente à casa. Podia se ver, moleque ainda, de mãos dadas com o pai, Hélio e ele, sendo trazidos para participar da Evangelização e receber o passe.

Foram bons tempos, importantes na sua formação de homem íntegro e capaz. Lembrou-se nitidamente dessa cena ao ver um rapaz entrar abraçado a uma criança.

Sentiu saudades do pai, de seus conselhos e orientações, não só para ela como para muitos que o procuravam. Augusto era uma pessoa cordata, sensata e amigável; sempre solícito e pronto a compartilhar o que aprendera com sua mestra, como ele dizia, a Doutrina Espírita.

Trabalhador abnegado e dedicado que foi, cumpridor de seus deveres em relação à família e à comunidade, Augusto gozava de boas condições na vida espiritual e ali se fazia presente, ao lado do filho, captando seus pensamentos e vibrações de saudade e convertendo-os em oração para que clareasse seus caminhos e iluminasse suas ações.

Osmar hesitava. Sentiu vontade de entrar e ver como estava o centro espírita. Há tantos anos não o visitava! Ele coçava o queixo e continuava a observar a intensa movimentação de pessoas que para ali se dirigiam quando, a curta distância, divisou o vulto de um homem.

Estava recostado a um poste próximo da esquina e parecia, também, observar o entra e sai de pessoas na casa espírita. Osmar o reconheceu e, quando ele passou perto do carro, chamou-o:

– Abel! Entre, Abel, preciso falar com você!

– Osmar, o que você faz aqui? Ainda frequenta o centro? – indagou o homem.

– Entre, eu insisto, vamos conversar! – tornou a convidá-lo.

A pessoa que entrou no carro nem de longe era o rapaz altivo e orgulhoso de outros tempos. Abel parecia um tanto constrangido, como se tivesse sido pego em alguma atividade ilícita, mas não se tratava nada disso.

Vestia trajes muito simples, tinha uma fisionomia abatida e triste, via-se com facilidade que seu estado de saúde não era dos melhores.

Abel era o médium que, anos antes, iniciara seus estudos naquela casa – que agora observava de longe – sob os cuidados de vasto grupo de amigos, entre eles o bondoso Augusto. Todavia, fascinado com a própria mediunidade, aos poucos foi se afastando da programação definida para a presente encarnação. Passou a se deixar influenciar por pessoas interesseiras e tão somente mobilizadas pelas vantagens e benefícios que podiam receber por meio da prodigiosa mediunidade de Abel, aptidão esta que serviria a muitas pessoas, infelizmente desviada em seus objetivos mais nobres.

Ele era, agora, alguém que tinha vergonha de si mesmo. Arrependera-se dos graves erros cometidos. Sabia que não teria muito tempo pela frente para se corrigir. A saúde física e emocional, já muito abalada pelos excessos de toda ordem, não garantia uma vida prolongada.

Augusto, em espírito, acompanhava o diálogo que se desenrolou:

– Nem sei ao certo o que me traz aqui, Osmar – disse ele, com os olhos baixos. – Sinto que perdi uma excelente oportunidade na minha vida e não foi por falta de aviso. Quantas vezes seu pai me alertou assim que eu comecei a cometer os primeiros desatinos e eu, tomado pelo orgulho e pela cegueira da vaidade, acabei me conduzindo para um abismo. Hoje eu sei!

– Você tem a impressão de que, se pudesse voltar atrás, não teria se afastado daqui? Eu também tenho esse sentimento. Não deveria ter deixado de lado os estudos espíritas. Foi um grande descuido da minha parte! A vida me conduziu por caminhos que julguei mais interessantes e eu fui me deixando levar. Na verdade, nem eu nem Hélio tivemos a persistência que ele teve, meu velho pai.

– Sim, somos duas criaturas amarguradas e arrependidas pelo que deixamos de fazer, e eu mais ainda pelo mal que provoquei. Estou só, abandonado e pagando um alto preço pelos meus erros. Tive a oportunidade de servir ao Bem Maior com queridos amigos da vida espiritual e, simplesmente, dei as costas a tudo isso. Sou um mísero! Apenas arrasto-me pela vida... É o preço que devo pagar.

Osmar se compadeceu com as palavras do antigo companheiro. Pôs a mão em seu ombro e disse:

– Você tem mesmo certeza do que diz, Abel? Precisa mesmo ser dessa forma tão cruel? Não haverá maneira de retomar o bem que deixou para trás? Pense bem!

Sem perceber, o filho captava o fluxo de pensamento emitido pelo pai, na tentativa de convidar o médium ao recomeço. No entanto, ele resistia:

– Sou um mísero, já disse! Não sou digno de atravessar a porta daquele lugar! Tantas pessoas enganei e espoliei com falsas promessas! Andava de lugar em lugar, aqui e ali, fugindo de mim mesmo e dos resultados terríveis de minhas ações. Granjeei mais inimigos do que amigos e, agora, nada mais tenho a fazer aqui!

Abel já fazia menção de abrir a porta do carro e se retirar abruptamente, quando Osmar segurou seu braço:

– Quem cai sempre tem a oportunidade de se erguer novamente e corrigir o próprio rumo. Você pode voltar sempre que quiser.

O médium emudeceu ao ouvir a frase e voltou-se para Osmar, tomado de emoção:

– Você me disse... a mesma frase... que seu pai me falou há muitos anos... naquela mesma porta! – recordou ele, entrecortando as palavras.

– Pense bem, Abel, tome o rumo que você quiser, mas saiba que o caminho do bem, conforme ensinava meu pai – a quem você tanto admira – jamais está fechado para nós! Seja aqui ou em outro lugar, você vai encontrar uma forma de recomeçar, uma nova chance! Não seja tão cruel consigo mesmo, eliminando oportunidades de reajuste.

Por um momento, Abel sentiu como se estivesse mais uma vez conversando com Augusto. E de fato estava. Naquele momento, Osmar era apenas um intermediário transmitindo o pensamento do desencarnado.

O médium saiu do encontro inusitado profundamente impressionado com o que ouvira e da forma como ouvira.

Osmar seguiu para sua casa, também surpreendido pelo que acontecera. Para trás ficou a casa espírita, com seus frequentadores e trabalhadores. E Augusto seguiu conosco para participar dos trabalhos socorristas a serem efetuados naquela noite, na instituição de caridade.

* * *

No dia seguinte, durante o café da manhã, Abel Aires recordava as palavras de Osmar, pronunciadas com tanta veemência: "Quem cai sempre tem a oportunidade de se erguer novamente e corrigir o próprio rumo. Você pode voltar sempre que quiser".

Por um instante, teve a sensação de estar mais uma vez conversando com seu bom amigo Augusto, a cujos aconselhamentos fechara os ouvidos há alguns anos.

Iniciara os estudos e prática da mediunidade com ele e outros companheiros no centro espírita.

Não tardou muito para que sua prodigiosa mediunidade se manifestasse, principalmente no socorro aos enfermos.

Abel desde muito cedo revelava aptidão para captar intuições sobre medicamentos e tratamentos, transmitir alívio aos enfermos e perceber presenças espirituais.

Trazia a tarefa de socorrer muitas pessoas, porém, ao mesmo tempo, a mediunidade seria, para ele – assim como é na maioria dos casos –, uma ferramenta para compensar pesados erros cometidos em existência pregressa quando, por ambição e astúcia, enganou a muitos em busca de poder e dominação.

Abel, com o tempo, foi se deixando fascinar com o efeito de sua ação curativa sobre as pessoas. Auxiliá-las em seus infortúnios no momento que mais precisavam conferia-lhe uma sensação de domínio, de orgulho por sua capacidade.

Pouco a pouco, conduzido pela mão da vaidade, foi deixando-se tomar por esta estranha e perigosa sensação.

"Meus poderes", dizia ele, ignorando quando alguém o corrigia, lembrando-lhe que os poderes de cura provinham de Deus e não lhe pertenciam.

Nessas ocasiões, amuava-se, sentia-se desprestigiado e incompreendido.

Augusto sempre procurava alertá-lo quanto à seriedade dos compromissos assumidos, lembrando que a mediunidade é um instrumento de redenção, porém, quando mal utilizada, provoca quedas de difícil recuperação.

Por vezes, percebia que suas palavras surtiam algum efeito. No entanto, notou que Aires passou a preferir a companhia de pessoas desonestas e levianas que buscavam atiçar-lhe ainda mais a vaidade e servir-se de suas energias de forma nefasta. E como eram sedutoras, essas pessoas!

Com o tempo, Abel passou a receber recompensas materiais pelos serviços que prestava sem ver mal algum nisso, ignorando a norma fundamental a ser seguida pelos médiuns que servem a Cristo: "Dai de graça o que de graça recebeste".

Entregue a si mesmo e aos gostos extravagantes, Abel foi se afastando da casa espírita e de seus companheiros do bem, tanto encarnados quanto desencarnados, em perigosa sintonia com espíritos levianos e mal-intencionados, que se orgulhavam de ter um trabalhador incauto sob seu domínio.

E assim, sob influência das trevas, Abel seguiu enganando a si mesmo e aos demais que, por invigilância, ignorância ou ingenuidade, buscavam-lhe os serviços de médium.

Naquela manhã, durante o desjejum, refletia sobre seus atos.

Era possível recomeçar, reencontrar o abandonado caminho do bem e do amor, mesmo após ter cometido tantos desatinos.

Certamente, se decidisse retornar às atividades, seria objeto de críticas e condenações. “Talvez demorasse a reconquistar a confiança perdida. No entanto, valeria a pena tentar?” – questionava a si mesmo.

O encontro inesperado com Osmar deixara-lhe essa indagação.

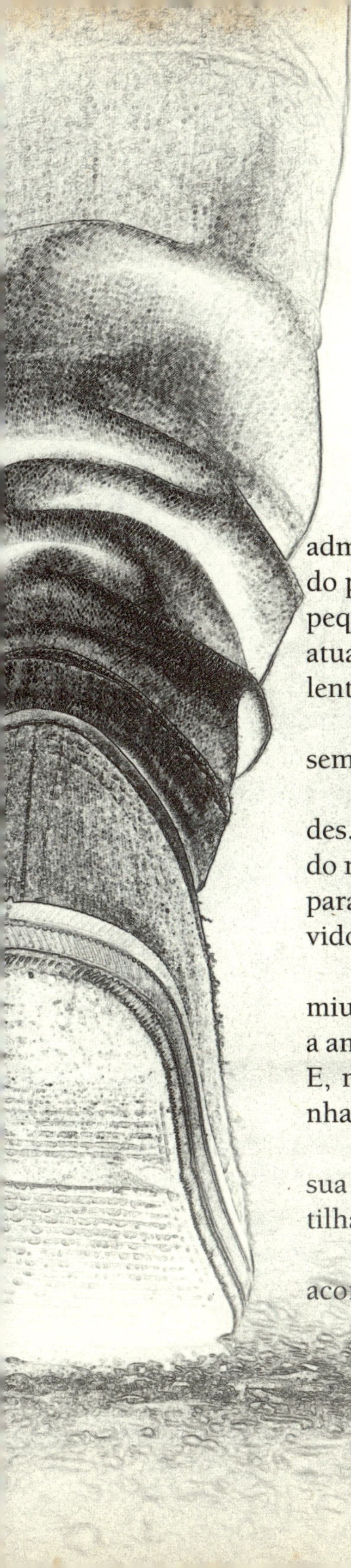

7

Agnes começava cedo o dia na floricultura que administrava. Dava continuidade ao projeto iniciado por seus pais, já desencarnados. Com o tempo, a pequena floricultura cresceu e ampliou sua área de atuação, sendo muito bem-conceituada pelos excelentes serviços prestados na decoração de eventos.

Ela amava o que fazia e dedicava-se a manter sempre a boa qualidade dos serviços.

Aquele dia, em especial, seria cheio de atividades. Todavia, Agnes sentia-se cansada. Havia dormido mal nas últimas noites, acordando diversas vezes para cuidar da filha, Ângela, que passara febril devido à catapora.

Na noite anterior, já medicada, a pequena dormiu melhor. Sua mãe notava que todas as vezes que a amiga Viviana a visitava, Ângela dormia tranquila. E, naquele dia, a vizinha cantou para ela acompanhada do violão e ambas se divertiram muito.

Agnes só não sabia que, a partir daquela tarde, sua adorada filha e a amiga Viviana passariam a partilhar um segredo.

A pequena, com seu ar travesso, contou a sua acompanhante:

– Hoje eu sonhei com o papai outra vez!

– Sim, você diz que costuma sonhar com ele – respondeu Viviana.

– Vou lhe contar um segredo. Eu não quero que a mãe saiba!

– O que é? Que segredo é esse que você não quer contar para sua mãe?

– Papai me contou que mamãe vai ter outro marido, vai ser muito nosso amigo. E papai vai continuar sempre do meu lado como tem sido. Ele disse que nós vamos ficar muito bem. Eu só não vou contar para mamãe ainda. Só para você.

Viviana ficou admirada com a naturalidade com que Ângela falava de assuntos do outro mundo, ao narrar o encontro que tivera com o pai desencarnado.

Lembrava-se dele, Marcos, e do quanto ele adorava a filha e a esposa. Era um pai muito amoroso, sempre presente e que dividia as tarefas e os cuidados com a menina.

Imaginava o quanto Agnes devia sentir a sua ausência, mais ainda em momentos como aquele em que a menina adoecia.

Porém, o paizinho querido continuava zeloso e preparava a filha para alguma transformação que estivesse em curso. Sim, o amor verdadeiro era imortal, concluiu Viviana, ao ouvir o relato da pequena amiga. E prometeu guardar segredo.

Envolvida em suas atividades na floricultura, Agnes nem percebeu a chegada da funcionária Gládis. Após os cumprimentos, esta lhe contou a novidade com um largo sorriso:

– Agnes, ontem à tarde recebemos a visita da secretária do Sr. Osmar Garcez. Ela quer nos contratar para decorarmos a nova loja que eles irão inaugurar no próximo mês. Não é ótimo?

Gládis esperava que Agnes fosse exultar com a notícia. Porém, não foi o que aconteceu. A dona da floricultura ouviu com certo espanto, como se não estivesse acreditando no que escutava.

Ela, então, chamou a atenção da interlocutora mais uma vez:

– Agnes, você entendeu? É o proprietário da revenda de automóveis...

– Sim, eu sei de quem você está falando, Gládis! – respondeu ela, um tanto incomodada.

Manifestando desagrado, declarou:

– Eu só peço que me envolvam o mínimo possível nesse evento. Contatem vocês e a decoradora com eles.

A funcionária ficou surpresa e insistiu:

– Não entendo... Achei que você os conhecesse!

– Eu os conheço – respondeu Agnes, contrariada – e não quero contato com eles, só isso que peço.

– Eu vou tentar, mas acho difícil. A secretária dele chegou aqui querendo falar com você...

Gládis retirou-se para atender ao telefone, deixando Agnes pensativa. Recordou-se do dia em que encontrou Osmar conversando com Silvana na entrada do novo prédio da revenda. Foi um encontro breve, mas que serviu para remetê-la a tempos distantes nos quais ela manteve um relacionamento com Hélio, primo de Osmar.

Foi algo muito marcante na vida dela. Ambos eram muito apaixonados, mas tudo terminou com a súbita decisão de Hélio em se unir a outra mulher, união essa que lhe pareceu mais vantajosa na ocasião.

Desde então, não tivera mais notícias dele. Imprimira novos rumos à vida, conheceu Marcos, com ele se casou e, anos depois, nasceu Ângela, a joia mais preciosa de sua existência.

Após a viuvez, continuava a enfrentar tudo com determinação e coragem. Naquele instante, porém, nem ela entendeu porque a notícia de Gládis havia provocado nela tamanho impacto. Era apenas mais um cliente querendo contratar seus serviços que, mais uma vez, seriam muito bem executados. Nada além disso. Nada de ilusões ou expectativas.

Agnes deu um longo suspiro, como se voltasse de um mergulho no passado, onde encontrou emoções e sentimentos já superados, no seu entender.

Indagou-se: onde estaria Hélio, seu amor do passado?

Logo, porém, saiu de suas divagações. Uma cliente aguardava seu atendimento.

* * *

Hélio não entendeu o motivo da chamada urgente de Osmar naquela manhã. Ele deveria comparecer no novo prédio da revenda no horário solicitado. E insistiu.

Para lá ele seguiu, curioso do que pudesse se tratar e torcendo para que não fosse algum imprevisto surgido dias antes da inauguração da nova loja.

Estacionou no pátio externo e se demorou um pouco admirando as novas instalações. Era um sonho de muitos anos que havia se concretizado. O terreno havia sido adquirido antes pelo pai de Hélio, tio de Osmar, homem empreendedor, de larga visão. De fato, o local amplo era bem valorizado e a revenda ficava em destaque em importante rua do bairro. Havia sido planejado para servir a todas as necessidades de uma moderna revenda de automóveis. Por certo atrairia muitos clientes e valeria o investimento.

Ao chegar, perguntou por Osmar e foi informado de que ele não havia chegado. Estranhou muito, afinal o primo insistira tanto para que ele fosse pontual. Ao chegar ao salão principal, porém, entendeu a razão de tudo. De longe avistou Agnes acompanhada por Flora e outra senhora que deveria ser a decoradora.

Hélio recuou sem ser visto. Não conseguia acreditar no que estava acontecendo, tomado de surpresa. Depois de tanto tempo, rever Agnes ainda mexia com seus sentimentos de forma surpreendente. Ficou imóvel por algum tempo, sem saber como agir. Até que ouviu uma voz, irônica como sempre, de alguém que estava às suas costas:

– O que você faz parado aí? Não espere mais! Ela está apenas a alguns passos de você!

Refazendo-se do susto, o primo de Osmar rebateu:

– E o que você pensa que está fazendo ao armar encontros como se fôssemos adolescentes ainda? Você não deve interferir nisso.

Osmar sorriu com aquele conhecido ar maroto e, praticamente empurrando Hélio para o salão, afirmou, bem-humorado:

– Mas já que eu interferi, não se demore! Vou chamar Flora aqui e você fica conversando com a Agnes! Comece dando um bom dia e veja o que acontece. Fugir ela não vai. Vá lá, meu amigo! Oportunidade única! Se você perder, vai se arrepender – rematou ele, utilizando seu jargão de vendedor.

E, rápido como sempre, Osmar seguiu dando curso ao plano, chamando Flora em seguida e deixando Agnes a sós no centro do salão. De longe, piscou para o primo que ainda se encontrava na soleira da porta, sem saber o que fazer.

Enquanto isso, Agnes anotava cuidadosamente as observações da decoradora que se encontrava do outro lado do salão. De repente, ouviu uma voz que há muito tempo não ouvia atrás de si:

– Bom dia, Agnes!

Ela não acreditava. Sabia que, ao virar-se, encontraria novamente com aquele homem do seu passado e, por uma fração de segundos, perguntou a si mesma se havia acertado quando concordou em estar ali, obedecendo à insistência de Flora. Teria sido alguma armação? Se foi, funcionou muito bem. Ela respirou profundamente, virou-se e retribuiu o cumprimento.

– Bom dia, Hélio!

E deram curso a uma breve, mas significativa conversa.

De longe, Osmar assistia e vibrava como fazia nos melhores dias de sua adolescência. Talvez toda aquela manobra viesse a ser inútil e não reaproximasse os dois. Contudo, ele percebia a vontade secreta de Hélio em rever seu antigo amor e teve a ideia de contratar os serviços dela para a decoração da nova revenda. Sim, havia sido uma armação. Restava aguardar para ver se seria bem-sucedida.

Flora retornou aos afazeres junto a Agnes e Hélio logo se afastou, com uma sensação de felicidade que há muito tempo não o envolvia. A surpresa do dia, afinal, tinha lhe feito bem. Já Agnes precisou de certo esforço para se concentrar novamente. Como é estranho e surpreendente o mundo dos sentimentos! Quando menos se espera se é literalmente sacudida por eles e nisto reside toda a graça de viver!

* * *

Alguns meses se passaram depois do reencontro de Hélio e Agnes. Ela, no início resistente a qualquer aproximação, foi mudando de ideia. Os encontros dos dois passaram a ser mais frequentes.

Viviana e Silvana viam a animação da amiga diante de novas perspectivas. Já não eram mais as mesmas pessoas, ambos haviam vivido experiências que os transformaram e não buscavam reviver emoções do passado, mas construir um relacionamento sólido e duradouro com vistas ao futuro.

As duas irmãs, sempre que possível, incentivavam Agnes em suas hesitações. Percebia-se claramente o quanto ainda era forte sua ligação a Hélio, o quanto era justo e desejável que eles se dessem mais uma oportunidade de viver felizes.

Viviana, por essa época, também experimentava avanços em seu tratamento. Com esforço, já conseguia se erguer na barra de exercícios e dar alguns passos. Tudo indicava que, em mais algum tempo, ela já poderia voltar a caminhar.

Em um desses dias, quando voltava cansada, mas feliz da fisioterapia, Viviana encontrou Ângela brincando na entrada do prédio. Quando a viu, veio correndo dar um beijo na amiga e, com seu ar maroto, vinha contar algo muito importante:

– Vivi, você lembra do nosso segredo?

– Sim, minha anjinha, eu me lembro... O que você tem pra me contar ? – indagou ela, ao ver que a menina ansiava para lhe dizer alguma coisa.

– Hoje eu conheci o Hélio.

– E o que você achou dele?

– Eu gostei dele... A mãe fica tão feliz com ele...

E, sussurrando entre risos, ela disse:

– Eu acho que eles estão namorando!

Viviana sorriu ante a revelação e a perspicácia da menina. "Como são ingênuos os adultos", pensou ela, "ao imaginarem que podem esconder alguma coisa das crianças". Elas logo percebem muito mais do que podemos supor. E a sua anjinha, por conhecer muito bem a mãe, logo sentiu o que se passava com ela.

Ângela voltou correndo para as suas brincadeiras e Viviana recordou-se de que ela, com sua sensibilidade, captou com antecedência a transformação que se passaria na vida da mãe ao reencontrar um amor do passado.

De fato, eram muito fortes as afinidades que uniriam os três. Não tardou muito para Hélio também se afeiçoar à filha de Agnes, menina que tinha o dom de cativar as pessoas instantaneamente. Era um novo e poderoso afeto que surgia na vida dele, como se Deus novamente o convidasse a exercer a função de pai, desta vez de uma maneira melhor, mais equilibrada, evitando os erros que cometera no passado com seu filho Henrique. Este, por sua vez, na vida espiritual, passava a entender tudo sob uma nova perspectiva e se rejubilava com a decisão paterna de se unir à mulher amada.

8

Eram cerca de três horas da tarde quando Vicente circulava pela movimentada Avenida Paulista. De longe, avistou um amigo com quem há muito não falava. A princípio, hesitou em se aproximar ao vê-lo conversar com outra pessoa. À medida que se aproximava, viu tratar-se do médium que, anos antes, tratara do avô de sua esposa, Estela.

Continuou seu passo lento e, só quando viu que o outro se afastou, acelerou em direção a Osmar antes que ele se fosse. Este, por sua vez, recebeu-o com um caloroso abraço, saudoso que estava do amigo a quem não via há muito tempo. Com sua conhecida irreverência, foi logo perguntando:

– Por onde tem andado, ou melhor, navegado, meu amigo agrônomo que ama viajar em mar aberto?

– Ultimamente estou ancorado, meu amigo, mas feliz porque, amanhã mesmo, sairei com minhas três amadas para um passeio em Ilha Bela, viagem que há muito queríamos fazer, só aguardávamos o progresso no tratamento de Viviana. Ela não vê a hora de embarcar no veleiro! – rematou ele, com um largo sorriso!

Osmar comentou, então:

– Fico feliz em saber dos progressos de Viviana e devo cumprimentá-lo pela outra filha engenheira. Silvana participou ativamente do projeto e execução da nova loja! É uma profissional e tanto! Fará muito sucesso, tenho certeza! E, desde já, tem minha recomendação para seus serviços!

– Agradeço, meu amigo, por seu reconhecimento! Aproxima-se a formatura da nossa querida engenheira! Certamente será bem-sucedida, pois ama o que faz! E, quanto a você, sucesso no seu empreendimento!

Osmar perguntou por Estela e foi então que Vicente encontrou a maneira de indagar o que lhe atiçava a curiosidade:

– Vi que você há pouco conversava com aquele médium, não me recordo o nome... Tratou do Marcondes, o avô da Estela!

– Sim – anuiu o interlocutor –, era o Abel Aires, aquele que prometia curas!

– Prometia e enganava a muitos, se bem me lembro – completou Vicente. – Imaginava que estivesse preso por exercício ilegal da medicina!

– Isso esteve bem perto de acontecer pelo que ele me contou, Vicente. Ele, agora, cessou com esse tipo de atividade. Pouco aproveitou do dinheiro ganho de forma desonesta. Aprendeu muito com a experiência irresponsável, surdo que foi aos bons conselhos de meu pai e outros tantos companheiros. Até hoje enfrenta as acusações pelos atos que praticou, perdeu muito em credibilidade e sofreu bastante com o abandono. Enfim, pelo que acabou de me dizer, parte agora para um caminho melhor e, embora não conte mais com a prodigiosa mediunidade de outros tempos, busca reequilibrar-se. Procura recomeçar, corrigindo, no que for possível, os erros do passado.

– Ele comprometeu muito a saúde do velho Marcondes, iludiu-o com falsas esperanças de cura, assim como fez a muitos. Em função disso, até hoje Estela tem prevenção a tudo o que diga respeito à Doutrina Espírita. Há alguns meses, recebemos a visita de uma senhora, a Dulcina. Esta, sim, prestou um serviço importante recomendando alguns livros que Viviana está lendo, estudando com afinco, e percebo que essas leituras a têm ajudado muito a mudar seu panorama mental e a reagir diante da doença. Somos extremante agradecidos a essa senhora, pois, de forma simples, despertou em nossa Vivi o gosto pelo estudo que a tem feito ver a vida sob novo prisma. E quanto ao Abel, espero que ele não se perca mais pelos caminhos tortuosos da mediunidade mal utilizada e volte a ajudar de forma desinteressada, como deve ser – concluiu Vicente.

Eles andaram mais algumas quadras juntos e despediram-se a seguir, felizes pelo reencontro inesperado.

Quanto a nós, seguimos para o lar de Dulcina, em Goiânia, onde não tardaria a iniciar o Evangelho no Lar.

A casa da querida amiga ficava em bairro simples, a poucas quadras da de sua irmã Áurea e do cunhado Alberto.

Sempre irei referir-me a Dulcina como uma querida amiga, pois assim ela se portou durante todo o tempo em que estivemos juntas, na minha mais recente existência terrena.

Eu praticamente cresci na mesma casa espírita que ela frequentava. Assim, nos tornamos excelentes companheiras de atividades espíritas, ela sempre incentivando minha participação na juventude espírita. E foi com sua solidariedade que meu amado pai e eu contamos até os meus últimos dias.

Por essa razão, sempre é uma alegria imensa poder visitá-la, estar com ela, aprendendo mais um pouco.

Naquele dia, em especial, notei nela um sentimento de carinho, saudade e respeito direcionados a Érica, sua sobrinha, desencarnada há exatamente um ano. Aquele dia marcava o primeiro aniversário do acontecimento que trouxera profundas transformações à vida daquela família.

Não tardou para que Áurea chegasse desacompanhada para participar do Evangelho no Lar. Dudu não estranhou. Já esperava, de certa forma, a ausência do cunhado, nem sempre afeito às reuniões. A irmã, então, comentou:

– Alberto não se sentiu em condições de vir. Está triste, amuado... Eu não quis insistir... Se eu pudesse, apagava a data de hoje do nosso calendário, Dudu!

A mãe saudosa verteu lágrimas ao recordar da partida da filha em plena juventude. Fazia um grande esforço para dar ritmo normal à própria vida, sentia-se muito auxiliada pelo apoio que recebia de familiares e amigos, e mesmo Alberto procurava reagir. Já estava conseguindo se manter afastado dos alcoólicos, encontrar outras atividades para ocupar a mente; no entanto, naquela data, era compreensível, deixava-se abater pela saudade de Érica.

Logo a campainha tocou e chegaram mais duas vizinhas de Dulcina, que também vinham participar da reunião.

Assim, no horário combinado, as quatro amigas iniciaram, após a prece, a leitura e os comentários sobre o trecho do Evangelho, que falava sobre a fé.

O ambiente, impregnado de boas vibrações, envolvia tanto os encarnados quanto os desencarnados ali presentes, desejosos de também aprenderem com o estudo do Evangelho.

Em dado momento, Dulcina captou minha presença junto a ela e pude perceber sua emoção. Conversamos mentalmente:

- Aninha, amada! Você está aqui!

– Sim, amiga! Diga a Áurea que Érica está se recuperando sob nossos cuidados, segue amando a todos. A vida segue sempre e nossa Érica está muito bem.

Dulcina expressou no sorriso terno a suave sensação de consolo que a envolveu. Ao fim da reunião, depois que se viram a sós novamente, ela transmitiu o recado a Áurea. As duas irmãs se abraçaram e já não era mais pesar e tristeza que irradiavam. Expressavam leveza, esperança e gratidão. A mãe sabia agora que a filha adorada recebia cuidados fraternos de quem a amava, não desaparecera simplesmente, não findara sua existência de modo triste e incompreensível. Confiava no Criador e na sua bondade. Apesar da saudade, para que tristeza?

Áurea venceu o curto trajeto até sua residência de alma leve. Alberto procurava distrair-se assistindo a um programa de televisão. Tão logo teve oportunidade, comentou com ele o acontecido. Abraçaram-se, profundamente emocionados e agradecidos a Deus que, apesar da fragilidade de sua fé em muitos momentos, jamais cessava de ampará-los.

No dia seguinte, no centro espírita, Dudu comentou com meu pai o que se passara. A felicidade que ele expressou aumentou ainda mais a minha. Meu querido pai seguia, naqueles tempos, a sua trajetória terrena, sempre com elevado amor à causa espírita. Enternecido, ele agradeceu a Dudu. Segui agradecida em retorno à colônia espiritual, feliz pela visita aos meus amados e desejosa de prosseguir em minhas atividades de aprendizado. Logo eu estaria com Érica.

* * *

Recordava-me da sobrinha de Dulcina que, por vezes, a acompanhava ao centro espírita em Goiânia. Recordava-me do quanto a companheira de atividades sentira sua falta quando ela se mudou com a família para estudar em São Paulo.

Recordava-me da alegria dos familiares com a aprovação da jovem no curso pretendido, o que também me encheu de alegria. Porém, encerravam-se meus dias na Terra, depois de prolongada enfermidade.

Érica, tão estimada por sua jovialidade e espontaneidade, partira repentinamente deixando profunda saudade em muitos dos que privaram de sua companhia.

Passado o primeiro ano de sua desencarnação, encontrava-se ainda em processo de adaptação à nova realidade, feliz com suas novas descobertas. Como era natural nesses casos, ela desejava ardentemente comunicar aos parentes a alegria de poder sentir-se cada vez mais viva e atuante.

Tão logo se deu conta do que lhe sucedera, passou por longo período de inconformidade, o que era agravado pelas pesadas ondas de tristeza e abatimento que partiam de amigos e familiares. Isto a perturbou por um tempo prolongado, no qual recebeu toda a assistência necessária.

Érica permanecia ainda sob nossos cuidados. Ao me ver, levantou-se do banco próximo à graciosa fonte de um dos jardins de nossa colônia Redenção. Deixou de lado algumas anotações que fazia e, tomando-me as mãos e convidando-me a sentar a seu lado, foi logo indagando:

– Quero muito saber, Ana. Você conseguiu fazer chegar o meu recado a minha mãe? Você disse que encontraria uma forma! Diga-me, como foi?

– Sim, querida, transmiti seu recado a sua mãe que, como não poderia deixar de ser, ficou emocionada, enternecida e logo compartilhou com seu pai a imensa alegria de saber que você está bem como se encontra. Dulcina me ajudou, assim como aconteceu na ocasião em que ela conversava com Viviana.

Érica estampou um largo sorriso e abraçou-me, reconhecida. É indescritível e abençoada a sensação de fazermos chegar aos nossos afetos uma palavra que os estimule a acreditar na continuidade da vida, por mais breves e singelas possam ser essas palavras. Eu entendia muito bem o que se passava com minha amiga.

– Espero que tenha servido de alento ao meu velho, querida Ana, pois ele sempre foi mais frágil, embora aparentasse fortaleza para nós, sua família. Nunca teve a robustez da fé que tanto ajudou o seu pai, por exemplo. Hoje, eu entendo o quanto uma crença sólida pode ajudar nesses momentos em que acontecem fatos além da nossa compreensão, como no caso das mortes por acidentes. Começo a compreender isso agora, porque antes também não pensava dessa maneira.

Contei a Érica que Viviana se recuperava do acidente, porque também era algo que sempre a preocupava e entristecia. Ao saber do que se passara com a amiga, lamentou profundamente. Não a acusava de nada. Sempre procurou entender suas motivações. Guardava lembranças esparsas do acidente que a vitimou, mas recordava-se de que a decisão de seguir para São Paulo, em precipitada viagem de retorno, havia sido sua. Se não quisesse fazê-lo, Vivi não a convenceria do contrário, por mais que insistisse.

Havia mesmo chegado a sua hora, ela entendia. Sua trajetória na Terra havia sido breve, porém suficiente para retornar com valiosas experiências e preparava-se, agora, para importante etapa de aprendizado. Era isto que a encantava e a animava a seguir com coragem, sem medo, sentindo-se amparada e confiante em si mesma.

Deixei Érica na companhia de outros amigos e segui para o meu encontro de estudos com o amigo Fernando

Ele terminava sua conversa com Henrique, filho de Hélio e Anne. Notei no rapaz melhores disposições, também. Até o momento, notávamos nele grandes restrições quanto à figura paterna. O jovem passara por longa enfermidade que, lentamente, exaurira suas forças orgânicas, preparando-o para o regresso à vida espiritual, ao contrário de Érica, cuja desencarnação se deu de forma repentina, aos olhos de muitos, no auge de sua força e vitalidade. No entanto, a jovem trazia consigo emoções mais leves, o coração tranquilo por ter feito o que de melhor conseguira fazer por si e por todos que a cercavam.

Sua existência, ainda que breve, transcorrera de maneira produtiva, deixara profundos laços de afeto e retornara sem maiores pesares.

Com Henrique, o caso era diferente: carregava consigo grande mágoa em relação a Hélio que, segundo ele, só havia sido capaz de se aproximar nos últimos momentos de sua existência física, "no apagar das luzes", expressão usada por ele. Acusava-o de ter sido um pai distante, indiferente, preocupado apenas consigo mesmo e com seus interesses. Trazia profunda tristeza e amargura, o que dificultava sua readaptação às realidades da vida espiritual.

Pela mãe, tinha imensa ternura e saudade. Solicitava-nos encontros durante o sono que pudessem amenizar a dor da partida. E, naquele preciso instante, relatava a Fernando o que ocorreu num desses encontros e o quanto se sentia animado e feliz em poder abraçar a mãezinha e consolá-la. Soube que Anne, a partir de então, conseguiu forças para imprimir à vida um ritmo mais intenso de atividades, que havia relegado a segundo plano por não se sentir mais capaz de executá-las, devido à tristeza profunda pela morte do filho. Porém, no encontro que tiveram, pôde senti-lo em boas condições, despertou segura de que não havia mais dúvidas sobre a continuidade da vida além da morte. Nem esta havia impedido o afeto entre mãe e filho. Anne renovava-se em suas crenças perante a vida. Deus não havia sido um ser tão cruel ao privá-la da companhia do filho amado. Ele era o mesmo companheiro e afetuoso de sempre, apenas vivendo em uma dimensão diferente, mas... vivendo!

Em relação a Hélio, porém, permanecia aquela sensação de ter fracassado em algo importante, em não ter conseguido ter, em relação ao pai, uma relação mais saudável e equilibrada. Sabia, agora, que o pai começava uma nova etapa em sua vida, buscando reatar relações rompidas com um grande amor do passado. Procurava situá-lo, agora, não mais como pessoa frívola e interesseira que se aproximou daquela que viria a ser sua mãe apenas movido pela ambição. Certamente, algo mais o uniu a Anne. E dava-se a oportunidade de viver ao lado de alguém com quem também tinha a tarefa de manter sua relação amorosa.

– Que meus pais sejam felizes à sua maneira! – concluía ele para Fernando. – Estive com eles o tempo necessário para aprendermos cosias importantes a respeito de nós mesmos. Vejo agora que sempre há muito o que se aprender e construir e quero seguir em paz!

Henrique despediu-se afetuosamente de mim e de Fernando e seguiu para outros afazeres. Comentei com meu amigo a alegria que sentia ao ver o progresso de nossos jovens, a mudança em suas disposições. Algum tempo antes, ele havia feito o mesmo por mim, recebendo-me carinhosamente na colônia e passando a ser um instrutor carinhoso e amigo. Fernando, em sua simplicidade, não gosta de ser chamado de instrutor, mas é assim que eu o vejo. Passei a acompanhá-lo em suas atividades relativas à psicografia e, desde então, venho me preparando para me dedicar a essa tarefa, procurando seguir-lhe o bom exemplo.

Permanecemos na colônia mais algum tempo, mas logo retornaríamos para as atividades junto aos companheiros da esfera física. Tanto eu como Fernando iríamos acompanhar o retorno de Abel à prática mediúnica, em processo de reabilitação, por assim dizer, em relação aos seus parceiros da Vida Maior.

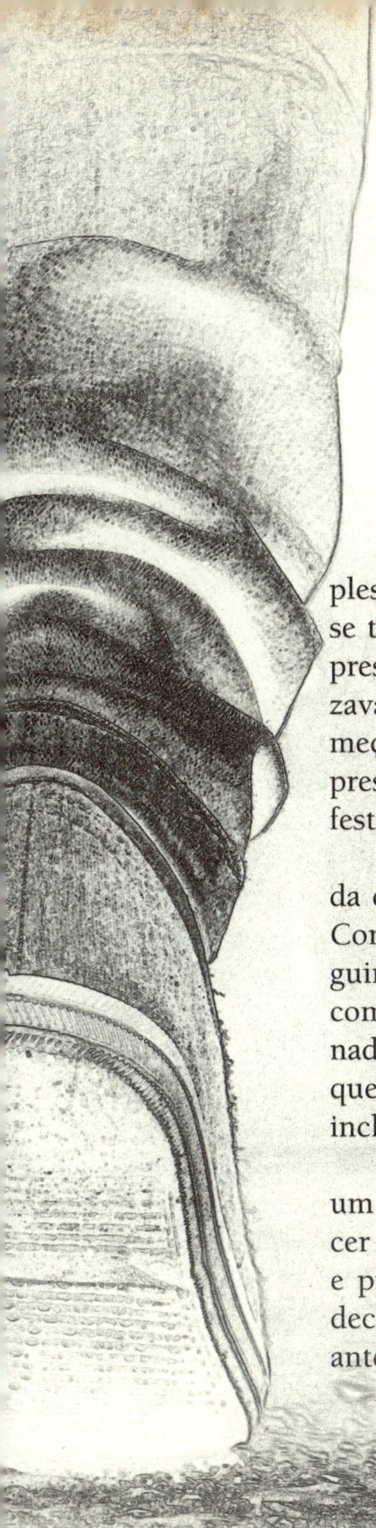

9

Ao chegarmos à casa de Abel, em bairro simples da capital, pudemos logo perceber a luta que se travava em seu íntimo e identificar a incômoda presença espiritual que o cercava. O espírito ironizava as tentativas do médium em buscar seu recomeço em bases melhores. Quando percebeu nossa presença, o desencarnado, de triste aspecto, manifestou sua contrariedade:

– Mais uma tentativa de fazê-lo se reerguer da queda que ele próprio promoveu em sua vida? Como vocês perdem tempo! O que esperam conseguir? Que este serzinho vil e ambicioso volte a agir como um servo de Cristo? Não, vocês estão enganados! Ele há de pagar por todos os atos indignos que praticou aproveitando-se da credulidade alheia, inclusive da minha, para obter proveitos pessoais.

Fernando e eu entendemos que se tratava de um indivíduo vingativo que insistia em permanecer ao lado de Abel, desencorajando seus esforços e procurando influenciá-lo para que não tomasse decisões que pudessem modificar suas disposições anteriores.

Ao ver que ali permaneceríamos a despeito de sua vontade, retirou-se com ar de enfado, mas continuou a observar nossas ações.

Abel lutava consigo mesmo. Tentava concentrar-se na leitura de *O Evangelho segundo o espiritismo*, na Parábola dos Talentos. Todavia, seus pensamentos perdiam-se em acusações contra si mesmo:

– Não adianta, não vou conseguir, perdi minhas oportunidades! Desperdicei algum talento que Deus tenha me confiado! Vou retornar de mãos vazias! Nada realizei de proveitoso, só fiz confusão na vida das pessoas. Até no centro espírita em que trabalhei fui tratado com desconfiança.

E vinham em sua memória as tentativas malsucedidas de voltar a frequentar a casa espírita onde anos antes iniciara seus estudos. Retornara ali a conselho de Osmar. Reencontrara alguns amigos, havia sido convidado a recomeçar em grupo de estudos, estava feliz com a ideia. Porém, não tardaram a aparecer resistências, comentários velados, acusações de companheiros equivocados, que julgam como se fossem incapazes de errar. Da última vez que ali comparecera, aconteceu o fato que o fazia agora repensar se valeria ou não a pena prosseguir em seus esforços.

Uma antiga frequentadora, que o conhecia há muito tempo, procurou-o pedindo auxílio espiritual para sua jovem neta. A menina mostrava-se visivelmente transtornada, acreditava-se que estava sendo assediada por entidades perversas. Relutara muito em acompanhá-la até o centro espírita. Assim que ali chegaram, tão logo a senhora avistou a figura de Abel, dirigiu-se a ele implorando ajuda. O médium prontamente seguiu com mais alguns companheiros de trabalho para a câmara de passes e atendeu a jovem. Isto se repetiu por outras semanas, até que a jovem, felizmente, foi dando sinais de melhora. Passou a frequentar regularmente o centro espírita, interessada em aprofundar seus estudos.

Bastou esse episódio para que se reacendessem as antigas desconfianças. Estaria Abel apto ao trabalho? Recomeçaria toda a série de enganos com os quais havia se comprometido? Não seria temerário deixá-lo prosseguir, sob o risco de comprometer o bom nome do centro? Certamente, outras pessoas passariam a procurá-lo e vê-lo com um salvador, o que seria altamente indesejável.

Enfim, Abel não tardou muito a perceber as resistências à sua atuação ali. Conquanto alguns companheiros vissem sinceridade em seus esforços de recomeçar, evitando as ciladas do passado, muitos outros passaram a criticar suas atitudes.

E, naquela semana, havia sido ele advertido por membros da diretoria que seria mais prudente que ele apenas permanecesse em suas tarefas no grupo de estudo e evitasse o atendimento às pessoas. "Precaução, zelo, prudência", foram as palavras usadas para afastá-lo do trabalho o qual estava abraçando com novas disposições.

Por essa razão, naquele momento em que o visitávamos, voltavam à sua mente as palavras ditas em tom de caridade e com fingida preocupação com seu bem-estar. E Abel sentia-se mais uma vez como um inútil, alguém que não mais poderia contribuir com algum talento que tivesse, porque isso seria sempre visto com desconfiança por parte daqueles que se preocupam mais em julgar do que em amar.

Infelizmente, na seara espírita ainda é muito frequente encontrar pessoas que se acham no direito de atirar pedras, quando o mais sensato seria abrir os braços e comemorar quando alguém se dispõe a um sincero recomeço. São enganos ainda mais graves, que apenas retardam os movimentos no sentido do inevitável progresso. Devemos ter cuidado com a postura de julgadores rigorosos, sempre com os dedos apontados para os companheiros de trabalho, destacando seus deslizes, pois este comportamento leva-nos a quedas ainda maiores e, logo ali, coloca-nos na posição de quem deseja ardentemente receber compreensão, e não condenação.

Era nisso que eu pensava quando vi Abel, a quem procurávamos incentivar ao recomeço, tão desalentado e pensando em recuar, vencido pelo desânimo e dando assédio a entidade tão perversa.

Após envolvê-lo em suaves vibrações de paz, esperança e fluidos calmantes, verificamos que ele retomou sua leitura, com o pensamento não tão agitado. Passamos, então, a nos ocupar com seu comparsa invisível e a conhecer sua história.

De início, imaginei que pudesse ser muito difícil descobrir as razões da presença daquele espírito ali, junto ao médium Abel. Ele resistia ao contato conosco. Porém, Fernando foi pacientemente se apresentando e, com o que eu chamo de 'dom natural para fazer com que as pessoas contem suas histórias', nosso amigo foi conseguindo com que a entidade começasse a contar sua experiência marcante: a que fez com que ele alimentasse raiva terrível daquele a quem assediava.

– Você não vem ao socorro de nenhuma vítima – alegava Vitorino, seu nome. – Ele é, antes, autor de muitos males, o mais cruel e covarde contra minha própria filha, que hoje vive em regiões infernais porque se deixou envolver pelas falsas promessas de cura desse mentiroso. Minha filha, Cristina, padecia de problemas neurológicos desde criança e inúteis foram os tratamentos que buscávamos. Quando atingiu a mocidade, o quadro, sempre delicado, pareceu se agravar. Foi então que alguém sugeriu que procurássemos o tal médium Abel Aires, que se dizia capaz de prodígios.

Vitorino falava com extrema amargura. Percebi o quanto se sensibilizava ao falar de Cristina e narrar os seus dramas.

– Ela passou a confiar cegamente nele, a depositar todas as esperanças de cura nesse farsante. Não nos importávamos de pagar, desde que o tratamento surtisse efeito. Não tínhamos nenhuma formação religiosa, tampouco estávamos informados sobre o fato de que médiuns não deveriam cobrar por suas atividades. Só soube disto mais tarde, depois que a tragédia se consumou.

Fernando e eu o ouvíamos, interessados em suas revelações:

– Minha esposa e eu ficamos espantados ao descobrir o envolvimento amoroso entre os dois. Sim, Cristina deixara-se envolver pelo inescrupuloso, entregara-se a ele na esperança de ser correspondida e terrível foi sua surpresa, ao saber que o tal amante mudaria de cidade, em busca de auferir mais proveitos financeiros com sua dita "prodigiosa mediunidade". Foi para rincões distantes, o maldito, talvez na esperança de enriquecer, mas voltou de lá adoentado e endividado, sem mais paz consigo mesmo e, se depender de mim, não mais a terá – concluiu ele, com ar ameaçador.

Soubemos, também, que devido à terrível desilusão com a fuga precipitada do amante, Cristina, com sua saúde cada vez mais abalada, em desoladora manhã, praticou o suicídio por envenenamento.

Tomado de ódio, Vitorino tentou seguir o encalço de Abel, mas não foi muito longe. Não mais conseguiu vê-lo, porém, jurou vingança além da morte. E permanecia jungido a ele, para garantir, como ele mesmo disse, que Abel não tivesse mais sossego.

Desacreditava das intenções do médium em recomeçar a tarefa de maneira mais digna. No seu entender, era tudo mentira, fingimento. Ele já havia provado o gosto da notoriedade e haveria de querer voltar a ela. Mesmo com a experiência malsucedida, continuava a ser um homem ambicioso e muito vaidoso.

Vitorino não o perdoava. Cristina permanecia em regiões desoladoras por ter abreviado a vida por meio do suicídio. Rogava a presença do pai, que agia como cobrador contumaz de seu antigo desafeto.

Ainda assim, percebíamos que o amor e a saudade da filha criavam, nele, um estado favorável à nossa ação. Inicialmente relutante, acabou por concordar em nos acompanhar a um centro espírita, onde seria devidamente tratado em suas aflições. Seria o início, esperávamos, de um caminho de reencontro.

* * *

Após encaminharmos Vitorino para atendimento na instituição espírita, ali permanecemos em atividade junto a companheiros que nos são muito caros, dignos de nossa gratidão e respeito pelo serviço que prestam, tanto a encarnados quanto a desencarnados carentes de entendimento mais profundo da vida, como era o caso da companhia à qual Abel se vinculara.

A entidade afirmava, com veemência, que o antes saudado médium, na verdade, não era nenhuma vítima. Com justa razão colhia os frutos dos próprios erros. No entanto, não cabia a ele cobrar-lhe as atitudes nefastas em relação à filha.

Assim se formam as complicadas redes que geram as obsessões de longo curso. Não fosse o esforço de Abel pelo próprio reajustamento e a mente vingadora de Vitorino, este por certo continuaria a minar suas resistências, intuindo-lhe o recuo e o insulamento, que seriam ainda mais prejudiciais.

Apesar de triste e abatido pela incompreensão que recebera, conseguia entender que o caminho de retorno exigiria dele muita persistência e habilidade em contornar obstáculos. Não queria mais ser visto como causador de males; entendia que não se apaga em tão pouco tempo, da memória das pessoas, os atos infames de exploração da credulidade alheia que ele outrora praticou.

Sim, ele não era vítima, era responsável pelos maus caminhos que escolhera trilhar. E agora se decidia pelo caminho de retorno, já com a saúde abalada e sem mais as facilidades financeiras proporcionadas pelas atividades ilícitas às quais se entregou.

Certamente, contava ele com a assistência atenta de amigos espirituais, de seu benfeitor Samuel e de sua mãe, que buscara socorro, aflita por ver os descaminhos perigosos pelos quais o filho passara a trilhar. Ela nunca compreendera bem a finalidade do exercício mediúnico durante o tempo em que esteve encarnada; todavia, nunca lhe criou embaraços nas vezes em que ele se mostrava interessado na prática da mediunidade. Via-o ser procurado por pessoas gratas aos benefícios recebidos e se alegrava intimamente. Buscava dar-lhe boa formação, firmada no compromisso com o bem.

Porém, tão logo regressou ela ao plano espiritual e o filho passou a cercar-se de companhias equivocadas. Acirravam nele a cobiça que jazia em seu íntimo e, assim, os maus resultados não tardaram a se apresentar. Foi com aflição que a mãe dedicada viu o filho deixar de lado os bons e fiéis companheiros que coordenavam a aplicação de suas energias mediúnicas e dar espaço, cada vez maior, à ação de entidades inescrupulosas do mundo invisível. Foi com muito carinho e alegria no olhar que ela veio, ternamente, nos receber no local de atendimento para o qual Vitorino foi encaminhado.

Quanto a Samuel, tinha esperanças de que, agora, percebendo seus enganos e se prontificando a corrigi-los, Abel inaugurasse, em sua atribulada existência, uma era de progresso e renovação, onde pudesse voltar a servir dignamente seus semelhantes, não mais malbaratando as energias psíquicas.

Oramos em gratidão a Deus por este caso e por outros que vínhamos acompanhando e logo seguimos, Fernando e eu, em regresso à Colônia Redenção, onde outras atividades nos aguardavam.

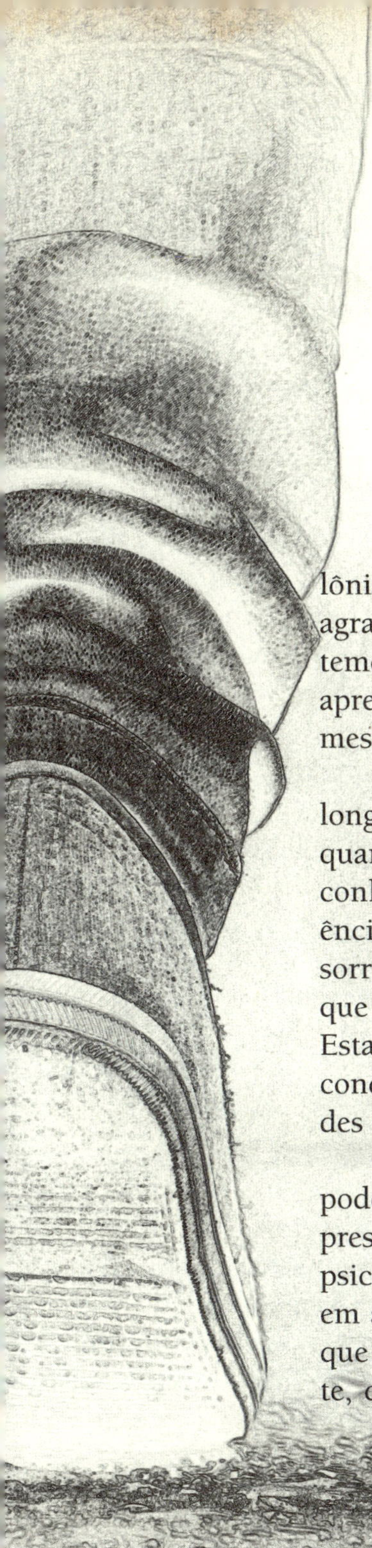

10

Deslocava-me devagar pelo jardim de nossa colônia, observando o ir e vir dos passantes, com a agradável sensação que fica conosco toda a vez que temos a grata satisfação de trocar experiências e aprendizados com corações e mentes que vibram na mesma sintonia.

Vinha entretida com meus pensamentos, após longa e proveitosa conversa com amigos queridos, quando Érica me viu e acercou-se de mim. Com sua conhecida simpatia, veio contar-me a rica experiência que estava vivendo. Disse-me ela, com largo sorriso, estar visitando a mesma instituição espírita que conhecera, ainda na infância, com a tia Dulcina. Estava vivamente emocionada por ali retornar na condição de espírito e poder presenciar as atividades mediúnicas realizadas.

Sabíamos nós da grande vontade de Érica em poder, um dia, transmitir seus pensamentos, impressões e sentimentos a um médium, por meio da psicografia. Sabia ela do cuidadoso preparo exigido em atividades dessa natureza, do grau de afinidade que deve haver entre médium e espírito comunicante, do objetivo a ser alcançado, do momento a ser executado. A jovem nutria a esperança de que um dia obtivesse a permissão de nossos instrutores para tal mister. Dedicava-se com afinco para melhor compreender o fenômeno mediúnico e comprometia-se cada vez mais com a melhoria da qualidade de seus sentimentos e pensamentos, empenhando-se em ações cada vez melhores.

Abracei-me a ela, emocionada também, tal a intensidade da vibração de alegria que dela emanava. Lembrei-me de mim quando transmiti a primeira mensagem psicografada, lida por meu amado pai com indizível contentamento. Em lágrimas, ele só dizia: "Sim, é a minha Aninha!".

A morte não havia separado – como de fato não separa – dois corações que se amam. Dali em diante, ele recuperou as forças para dar curso normal à vida. E era isto que Érica pretendia em relação a seu pai, Alberto. Embora descrente das realidades da vida espiritual, a filha tinha esperança de que ele pudesse se convencer e se consolar por meio da mensagem obtida pela escrita mediúnica.

Alberto, pelo que sabíamos, começara a recuperar-se do violento golpe sofrido com a desencarnação da filha Érica no acidente. Voltara a morar em Goiânia, cidade de sua preferência, na companhia da esposa Áurea, reencontrara boas amizades, novas ocupações e conseguia manter-se afastado da bebida alcoólica que já estava se apresentando de forma ameaçadora à sua saúde física e mental.

O outro filho do casal, Ronie, retornara aos estudos e ao trabalho em São Paulo e junto a Daniela, dando curso normal às suas atividades, visitando periodicamente os pais.

Essas notícias animadoras serviam como impulso para que Érica também seguisse sua trajetória na vida espiritual com menos apreensões e sofrimentos. Tudo fazia crer em perspectivas melhores, que logo viriam a se confirmar.

Conversamos mais um pouco e logo ela seguiu na companhia de outro grupo de amigos. E eu novamente segui minha trilha, pensativa e saudosa de minha querida amiga Dulcina, a quem pretendia rever em breve tempo.

Cheguei a sua casa no exato momento em que ela recebia a visita do querido sobrinho Ronie. Trocavam um afetuoso abraço e logo se sentaram no sofá para conversar.

O rapaz contava da fase promissora que vivia junto a Daniela. Estava feliz por trabalhar na área escolhida e ela, por sua vez, trabalhava agora em uma outra clínica, mais próxima de onde residiam, e estava amando a nova atividade. Tudo parecia estar se estabilizando. Mais animado estava ao ver os pais irem recuperando o gosto pela vida, prosseguirem nas atividades e distrações que os atraíam antes, observando o pai com novas disposições. Até mesmo com relação a Daniela, mostraram-se menos resistentes e mais receptivos. Neste ponto, Dulcina comentou:

– Estão percebendo que Daniela é a pessoa certa para você, Ronie! Alguém que pode impulsioná-lo a ir adiante, porque garra e determinação não faltam a essa moça. Gosto muito dela e estimo a felicidade de vocês!

E, tomando as mãos dele entre as suas, afirmou:

– Vejo diante de mim um homem mais amadurecido, ciente do que quer e disposto a lutar para obter, muito diferente daquele jovenzinho que certa vez pensou em ter uma vida sem maiores esforços junto a uma rica herdeira!

A menção de Dulcina à rica herdeira fez o pensamento de Ronie se voltasse para Viviana, sua companheira de outros tempos. Recordava dela com ternura, com profunda afeição, mas via agora, com clareza, que fizera a opção certa ao unir-se à mulher que realmente amava, a despeito da opinião contrária de muitos.

Sim, era verdade! Em determinado momento, principalmente Áurea, sua mãe, aspirava vê-lo unido à bela jovem, cheia de caprichos e voluntariosa, que se mostrava tão apaixonada. União muito favorável, calculava ela, movida pela ambição e pelo sonho de ver o filho ter uma vida confortável. No entanto, ele soube sair da cilada, da situação aparentemente vantajosa, mas que o faria viver dissociado do que realmente queria: estar com Daniela, a quem amava. Com ela sempre teve mais afinidades e aspirações em comum, que pouco a pouco se realizavam.

Não mais havia visto a ex-namorada, mas soubera de notícias dela por intermédio de Vicente, pai da jovem, a quem encontrara casualmente, e relatou à interlocutora:

– Pelo que eu soube, tia, a Vivi já consegue se movimentar com o auxílio de muletas! Fiquei muito feliz ao saber! Retornou aos estudos, continua com as leituras espíritas que você indicou para ela e, segundo Vicente, iniciou um trabalho voluntário a convite de um amigo que atende pessoas com necessidades especiais! Bem, isso já era um desejo antigo que ela tinha e agora está realizando. Vicente me disse, ainda, que quando você for a São Paulo, não deixe de visitá-los.

Dudu, com um largo sorriso, declarou:

– Sem dúvida eu irei visitá-los! Gostei muito de conhecer o Vicente. Quanto à Viviana, nunca tive dúvidas da sua recuperação. A vida lhe deu uma nova chance.

Um breve silêncio fez-se entre os dois. Ronie caminhava pela sala, vendo fotos antigas, nas quais aparecia na infância e na adolescência junto à irmã já desencarnada, Érica. Identificou em uma delas, numa viagem feita por ambos, a mesma foto que também tinha em seu apartamento.

Érica, com ar descontraído, abraçava-o. Tinha, ao fundo, uma bela paisagem. Ele segurou a foto com ternura e disse:

– Os que se vão nunca se vão completamente, não é tia? Sempre deixam um pouco de si conosco. Já se passam quase três anos do acidente da Érica e ela continua tão presente em mim... Conforme dizem, é o amor que nunca morre! – finalizou ele, com um fundo suspiro, colocando a foto cuidadosamente no lugar.

Dudu pensava nas palavras do sobrinho. Ele e a irmã sempre foram muito unidos e amigos. Sabia da tremenda culpa que o importunava quando se tratava de comentar sobre o que acontecera com aquela pessoa tão amada. Sentia-se o responsável pelo que sucedera. Considerava que, por descuido e leviandade, ele havia contribuído para a saída apressada de Érica de Santos para São Paulo, naquela noite fatídica. Mesmo o pai, Alberto, devastado pela dor, em muitos momentos o recriminou. Com o tempo, com as conversas que ela pacientemente tinha com o sobrinho, essa impressão tão penosa foi se desvanecendo. E a tia considerava que chegara o momento de revelar-lhe fatos que muito a enterneciam, relacionados à situação da desencarnada na vida espiritual.

Aproximou-se dele devagar e contou, com a conhecida gentileza e empregando viva emoção no tom de voz:

– Meu querido, sei que é um assunto delicado para maioria das pessoas e que foge ainda à compreensão de muitos, mas devo lhe dizer que nossa Érica se encontra bem adaptada na dimensão em que vive. Está em paz, transmite muita segurança e amor, não parece estar magoada com quem quer que seja pelo que aconteceu. Não sei se já conhece os motivos, porém, nas vezes que percebi sua presença, nas reuniões mediúnicas do 'nosso' centro espírita, tanto eu quanto os demais companheiros percebemos que ela segue em paz consigo mesma.

Por certo Dudu falava de conceitos que eram claros para si, mas que eram ainda obscuros para Ronie. Todavia, eram enunciados pela querida tia, digna de seu afeto mais puro e de toda sua confiança. E, por isso, ele respeitosa e ternamente a abraçou, tomado de emoção! Sentia-se muito grato por saber que a irmã amada prosseguia suas atividades em outro plano de existência, recebendo e transmitindo o profundo afeto que sempre os uniu.

Logo a seguir, os dois saíram. Seguiriam ao encontro dos pais do rapaz para um agradável passeio pela bela Goiânia.

Depois de uma tarde de agradáveis atividades junto aos seus amores, Dulcina regressou ao lar com o coração leve, agradecido pelo reencontro com o amado sobrinho.

Ronie, sempre que possível, fazia a longa viagem de São Paulo até sua terra natal para estar na companhia de seus familiares por alguns dias. Em algumas oportunidades, Daniela o acompanhava; dessa vez, porém, viera sozinho.

Já era tarde quando Dulcina, após as preces habituais, entregou-se ao repouso do corpo físico. Acompanhamo-la, em desdobramento, à casa espírita onde ela, por muitos anos, desempenhava suas atividades na seara mediúnica, no atendimento aos desencarnados por meio da psicofonia.

Tão logo percebeu minha presença, abraçou-me, emocionada. Durante seis anos, nós trabalhamos naquela casa amada que, naquele instante, tornava a nos acolher. Aprecio demais esses momentos nos quais posso, ali, retornar e rever rostos amigos juntamente com os novos trabalhadores que têm se apresentado.

Muito se tem dito que uma casa espírita é um celeiro de bênção e é verdade! São intensas e incessantes as atividades que ali se desdobram para além dos sentidos físicos, exigindo a cooperação responsável e cuidadosa tanto por parte dos encarnados, quanto dos desencarnados. Construímos, todos, uma poderosa corrente, cujos elos devem ser formados pelo verdadeiro sentido do amor, desprendimento, abnegação, conhecimento do que se faz e desejo incessante no autoaprimoramento. São alguns dos elementos fundamentais para o bom andamento do trabalho.

O centro espírita no qual Dudu e eu nos conhecemos completaria, naquele ano, seu septuagésimo aniversário. Havia surgido, como em outros tantos casos, das reuniões familiares, com grupos de estudo da Doutrina Espírita e, posteriormente, práticas mediúnicas. Com o tempo, o trabalho foi se expandindo, trabalhadores abnegados foram se apresentando e dando maior expansão às finalidades inicialmente planejadas.

Foram sendo diversificadas as atividades e, hoje, cumpre importante papel junto à comunidade onde está inserido. E ali retornávamos, minha querida companheira e eu, para mais um emocionante encontro. Érica esperava-nos. Queria muito rever a tia. Estava feliz, estudando e aprimorando seus conhecimentos, conhecendo o trabalho realizado pelo médium Alceu, por quem haveria de, no devido tempo, transmitir sua carta psicografada.

Seguia as orientações de seus instrutores com carinho e respeito. E o encontro com a tia amada certamente seria um incentivo a mais em seus esforços. Foi com grande alegria que presenciei o encontro das duas.

Do belo diálogo, marcado por esperança e consolação, Dudu guardaria a melhor impressão ao acordar no dia seguinte. Sim, sua Érica estava bem, quem sabe até poderia se manifestar por meio da mediunidade. Restava confiar em Deus e aguardar o momento preciso. Estaria atenta. O mais importante é que sua querida, mesmo depois da partida que abateu a tantos, trazendo dor e inconformidade, erguia-se vitoriosa da experiência. A vida prosseguia, essa era sua certeza. Esteve mais uma vez com a adorada sobrinha, essa era a sua alegria!

11

Observávamos, Fernando, nossos amigos e eu que, com Henrique, filho de Anne e Hélio, já não se passava o mesmo. Inúmeras vezes, tocado pela saudade, rogava oportunidades de encontro com a mãe durante o sono e, quando estes se davam, eram motivo de enorme satisfação para ambos. O mesmo sucedia com relação a seus amigos mais próximos. Todavia, tal não se dava em relação ao pai, Hélio.

Era como se camadas e camadas de ressentimento houvessem se acumulado em seu íntimo, no que se referia à figura paterna. Quando tentamos uma aproximação entre os dois, Henrique recuou vencido por essas penosas impressões. Hélio, no outro dia, acordou sobressaltado, com estranho mal-estar, como se tivesse estado em companhia indesejada. Mal percebera tratar-se do filho. Imperavam nele as concepções materialistas. Em seu pensamento, a vida do filho extinguira-se naquela tarde triste em um hospital norte-americano, após haverem lançado mão dos recursos mais modernos para salvá-lo. Henrique partira para lugar distante para nunca mais voltar. E toda vez que Anne fala a Hélio dos contatos mantidos com o filho, ele ficava confuso, sem saber o que dizer.

Os pais de Hélio haviam recebido formação diferente em matéria de religião. Ele crescera num país predominantemente espiritualista, travara contato com a Doutrina Espírita ainda cedo, por influência do tio. Porém, tinha sérias reservas a tudo que se referisse à continuidade da vida após a morte; continuavam sendo ideias de difícil apreensão para ele. Já Anne recebera formação protestante, avessa a qualquer concepção de comunicação entre os ditos vivos e os mortos, cresceu num país marcado pelo ceticismo em relação à sobrevivência da alma à morte do corpo físico. Ainda assim, mostrava-se receptiva à verdade maior: seu adorado filho prosseguia experiências num outro plano de existência.

Essa certeza bem poderia animar Hélio; porém, neste caso como em outros tantos, vimos que não basta apenas a informação em si. É necessário certo "grau de maturidade do senso moral" para aprender com ela, como recordava Allan Kardec, ao se referir aos conhecimentos transmitidos pela Doutrina Espírita, em *O Evangelho segundo o espiritismo* (cap. XVII, item 4 – "Os bons espíritas").

Em certo ponto do diálogo que travava com Fernando, ao qual presenciei, Henrique declarou, emocionado:

– Quando o vejo, é como se antigas marcas do passado retornassem. Eu não queria que fosse assim. Recordo de todas as vezes que senti necessidade da presença de meu pai junto a mim e me senti órfão de pai vivo. Marcou-me a facilidade com que se ausentava do lar, demonstrando que se sentia aliviado ao ficar longe de nós. Nunca entendi aquilo. Minha mãe cercava-o de cuidados e atenções, esforçava-se por manter um clima de união dentro de casa. No entanto, ele sempre achava algo mais interessante para fazer longe de nós.

Henrique fez uma breve pausa e, a seguir, continuou:

– Minha mãe sempre foi apaixonada por ele. Na minha adolescência, acabei descobrindo que ele só se uniu a ela por estar interessado nas vantagens e no conforto material que isso lhe pudesse trazer e descobri isso de forma muito cruel, ao ouvir comentários de outras pessoas em torno do assunto. Então, as máscaras caíram para mim. Meus pais, na verdade, apenas fingiam uma relação de amor que nunca existiu. Foi também quando descobri que ele havia sido muito apaixonado por outra mulher, a que está com ele agora. Nunca perdoei meu pai por isso, no auge de meus quinze anos e das minhas rebeldias. Por mais que ele me explicasse que não havia enganado minha mãe, eu me recusava a acreditar. E nosso distanciamento só aumentou porque as divergências de gostos e opiniões cresciam cada vez mais entre nós. Talvez, eu tenha interferido em questões que já haviam sido resolvidas à sua maneira e nas quais não me cabia interferir. Creio que meu pai e eu perdemos muito tempo ocupando posição de julgadores um das ações dos outros, quando poderíamos, sim, ter sido mais companheiros. Dia virá em que me libertarei desse sentimento.

Fernando ouvia atentamente o desabafo de Henrique, por quem tinha enorme ternura. Identificava-se com ele. Na mais recente encarnação, havia tido experiência semelhante na condição de pai. Ouvir Henrique remetia-o à experiência que ele tivera com sua filha, Elisa. Henrique demonstrava, como filho, o mesmo ressentimento que Elisa por muito tempo alimentou em relação a seu pai, Fernando.

Sim, eram feridas que exigiam tempo e paciência para serem curadas e Fernando agia com tato. Não bastava dizer a ele que o pai nem sempre se afastava do lar porque queria ou porque não os amava. Invertia prioridades em sua vida, deixando os compromissos profissionais em primeiro plano em detrimento de uma maior convivência com a família. Ele mesmo, como jornalista, vira-se na contingência de fazer isso por diversas vezes, contudo, não significava que fosse indiferente à esposa Bertha e à filha, Elisa. Apenas tomou decisões equivocadas pensando serem as corretas, tal como sucede a todos nós em nossas experiências, ora na vida espiritual, ora encarnados.

Num tom muito amistoso, falando com calma e segurança, como lhe é peculiar, Fernando tomou a palavra:

– Amigo, por ora basta de julgamentos severos em relação a si mesmo e ao seu pai! Todas as vezes em que decidimos ser juízes das condutas alheias, corremos sério risco de cometer injustiças. Você sabe que seu pai, assim como você, está numa fase de recomeço junto a Agnes, a mulher que sempre amou, e à enteada, Ângela, por quem tem extremado afeto e está unido a ela por afinidades que vêm de anteriores existências.

Henrique interrompeu a fala. Surgia uma dúvida a ser esclarecida:

– Como pode ser isso possível? Você fala em afinidades que o unem a essa menina que nem é sua filha consanguínea, assim como eu! Por que com ela meu pai tem uma convivência tão prazerosa, enquanto comigo foram, na maioria das vezes, dissabores, acusações e decepções?

– Porque não são os laços consanguíneos que unem os espíritos, meu caro amigo! Atraímo-nos ou repelimo-nos pela lei das afinidades espirituais. Muitas vezes encontramos, na família consanguínea, os afetos de longa data com os quais nos afinizamos para realizações enobrecedoras. De outras tantas vezes, encontramos fora dos círculos da consanguinidade os afetos preciosos que cativam nosso coração, tal como acontece entre Hélio e a enteada Ângela. E isso só nos confirma a grandiosidade e a justiça do Criador.

Henrique ficou pensativo. Nunca havia pensado a questão sob esse ângulo. Sim, a vida não cessa, nunca, de ensinar. Precisava mesmo aprender muito, noções novas para lhe arejar a mente e fazer com que compreendesse tudo com mais clareza.

Deixei meus dois amigos conversando mais um pouco. Retornei aos meus estudos e atividades com o mesmo sentimento de encantamento pela vida e sua sabedoria que havia tomado Henrique naquele preciso instante. Como é bom aprender e rever velhos conceitos, pensava eu. Como isto é essencial para nos libertarmos de uma carga incrível de ideias preconcebidas que trazemos conosco e que nem sempre correspondem à verdade. Ah, a verdade! Esse sol poderoso que, por mais que tentem encobrir, acaba triunfando poderosamente! E segui, grata a Deus, para meus afazeres!

* * *

Conheci o trabalho de psicografia de romances de Fernando por meio de nossa querida Ethel Zibronsky. Lembro-me sempre com muita alegria do dia em que ela me procurou entusiasmada, contando-me que ele havia obtido, por parte de nossos instrutores, a permissão para trazer a público o livro *Veredas da paz*.

Ethel estava exultante! Mais um trabalho seria iniciado. Eu, sempre muito interessada em aprender, quis muito conhecer o autor, que ela disse ser um jornalista, agora com o desafio de escrever em uma outra linguagem, um tanto quanto diferente, o gênero romance

Recordei-me dos romances incríveis de muitos autores encarnados e desencarnados que tanto me ajudaram a compreender melhor a vida e ainda ajudam. Ela notou minha vontade de ver o nascimento de um livro, acompanhar o processo desde o seu início. Levaria esse meu desejo ao conhecimento da equipe que trabalhava com o autor.

Fernando sempre conta com o apoio de três inestimáveis amigas: Ethel, Alba Lúcia e Heather. Elas muito o auxiliam com suas orientações e têm sido um precioso apoio em seu trabalho. A primeira, por exemplo, minha interlocutora na ocasião, havia sido sua genitora em duas encarnações e eles permanecem tendo, um pelo outro, esse carinho materno/filial que não se extingue com o tempo. São laços profundos de afeto que unem esses espíritos, se solidificam e lhes dão a possibilidade de trabalhar em projetos dessa natureza.

Nosso amigo teve a oportunidade de contar em suas obras um pouco sobre o trabalho realizado por essas queridas entidades venerandas, seja narrando suas experiências na vida física, seja na espiritual. Foi sua maneira de compartilhar com o leitor um tanto do que ele tem aprendido e observado em seu convívio com elas.

Naquela ocasião eu não percebi, mas Ethel já notava em mim algumas condições para participar do trabalho a ser executado, da mesma maneira que Alba Lúcia percebeu que outra jovem, Cristiana, poderia colaborar com suas vivências em outra obra do autor.

Assim, nós duas, após conversarmos com o autor e sua equipe, passamos a participar na condição de colaboradoras. Passamos a acompanhá-lo em seu trabalho com a médium, naquele seu romance, *Veredas da paz*.

Ao concluí-lo, verificamos ser o momento de Cristiana ser uma das personagens de seu próximo trabalho. E assim foi. As experiências dessa querida amiga estão narradas no livro seguinte, *Uma chance para o amor*.

Permaneci com os queridos amigos, participando de seus trabalhos, dedicando-me com todo amor a tudo que me era solicitado, preparando-me continuamente para o dia em que também eu pudesse transmitir algumas páginas por meio da escrita mediúnica. E grande foi minha alegria ao saber que meu modesto romance haveria de ser psicografado pela mesma médium que ofereceu sua colaboração nos quatro livros do querido Fernando!

Sim, foi enorme a minha emoção e compartilho esse aprendizado com você, amigo leitor, porque noto uma grande impaciência nas pessoas que, em muitas ocasiões, se veem abatidas, tristes e frustradas ao notar que seus projetos não funcionam da maneira como queriam, da forma como esperavam, com a agilidade que almejavam. Tantas vezes bons projetos são abandonados, quando poderiam dar bons frutos, porque somos precipitados e impacientes, querendo que tudo ocorra ao nosso modo, esquecidos de que Deus preside os acontecimentos de nossa vida de maneira sábia e justa, obedecendo ao tempo da semeadura e da colheita.

Tudo o que conseguimos é consequência de nossos esforços ou da ausência deles. Se formos operosos e dedicados ao bem, não há porque não esperar bons resultados, ainda que demorem aos nossos olhos apressados. Foi assim que eu procurei fazer. Abrir espaço para novas experiências, preparando-me constantemente, observando, comparando, corrigindo pontos de vista equivocados, procurando desenvolver a humildade que é tão própria dos Benfeitores amados. Eles não cansam de exemplificar essa virtude tão necessária para que possamos adquirir uma melhor compreensão dos fatos.

Não me esqueço das amorosas palavras de Ethel ao me destacar:

– Um passo de cada vez, Aninha! Pequenas realizações preparam o caminho para outras maiores, e assim sucessivamente! Você terá sua vez, no momento apropriado! Não desista de acreditar em suas possibilidades, aprimore-se continuamente e há de realizar seu projeto.

E assim sigo eu nessa infinita jornada, trazendo comigo o carinho e a generosidade de tantos outros amigos com os quais convivo e com quem vivencio, cada vez mais, o prazer de servir.

Fernando faz por mim o mesmo que outros companheiros da Vida Maior têm feito por ele: acompanha e orienta minha atividade na psicografia. E, desta maneira, em regime de constante solidariedade, mãos unidas, mentes operantes, corações ritmados no compasso da fé e do amor, vamos realizando as atividades a nós confiadas, aprendendo uns com os outros.

12

Transcorreram três anos desde o início de nossa narrativa.

Vimos Abel Aires seguindo cabisbaixo, a passo rápido em direção a sua casa no bairro paulista.

Depois de guardar as mercadorias, sentou-se à escrivaninha e pôs-se a reler a mensagem psicografada que obtivera na noite anterior, em reunião mediúnica do centro espírita.

Eram estas as palavras ali registradas:

"Pai:

"Vivemos breve tempo juntos, tempo este intercalado por períodos de longa ausência. Vivíamos perto, mas afastados um do outro.

"Por muitos anos isso me foi motivo de profundo pesar. Foram poucos os momentos que passamos juntos, desfrutando o prazer de sermos pai e filho. Estranhamente, mesmo quando isso acontecia, sempre parecia haver motivos para contendas e discussões.

"Eu lhe esperava, pai. Esperava você voltar de suas longas viagens, longas ausências. Lembro da mãe levando-me para as lojas, quando criança, para o esperarmos com um presente bem bonito. Eu fazia desenhos para lhe agradar. Nem sempre você os recebia com o esperado cuidado, mas eu procurava entender seu cansaço.

"Via os pais de meus colegas sendo afetuosos com eles, mas você não era assim comigo e essa sensação estranha cresceu em mim, perturbando nosso relacionamento.

"Lembro de você acompanhando meu tratamento, quando eu já não tinha muito tempo. Sim, pai, eu senti você segurando minha mão no hospital, na tentativa inútil de me reter por mais um pouco, mas eu não tinha mais tempo para lhe oferecer.

"Assim o tempo escoou, se foi, e parece ter deixado um abismo intransponível entre nós.

"Porém, hoje sei que isso é só uma impressão. Não existem abismos intransponíveis entre os planos imaterial e material. Tanto é que eu novamente tento chegar até você, mesmo sem ter mais meu corpo físico que você viu tão debilitado.

"Sei que o meu sofrimento o tocou profundamente, despertando outro olhar sobre a vida.

"Fez você voltar atrás e buscar a mulher a quem tanto ama, porque compreendeu que as boas emoções devem ser vividas sem mais adiamentos, porque a vida é breve e o tempo se escoa rapidamente.

"Felizmente, você percebeu que era importante dar a si mesmo uma nova chance, recomeçar sem medo de ser rejeitado e hoje está realizado ao lado dela.

"Acredite-me... Fiquei feliz com sua decisão! Hoje entendo que não é justo culpá-la pelo fracasso de seu casamento com minha mãe. Eu perdi muito tempo em julgá-lo; você nem poderia imaginar que teria tão poucos anos comigo.

"Aprendemos o quanto são preciosos os momentos que podemos passar juntos com as pessoas que amamos, o quanto isso é mais valioso do que tudo!

"Tenho aprendido muito e tenho muito ainda a aprender. Mas posso lhe dizer que gosto mais de mim agora. Foi preciso passar por aquela doença atroz na juventude para que pudesse eu corrigir minhas posturas equivocadas em relação às pessoas; entre elas, você!

"Eu quero muito, pai, que você recomece todas as vezes que forem necessárias. Ensinamos muito um ao outro enquanto estivemos juntos fisicamente. Eu continuo a amá-lo, amando a mamãe e desejando que vocês sejam muitos felizes, porque cada um me ofereceu o melhor dentro do que conseguiu oferecer.

"Com ela, mantenho contato sempre que possível, como você sabe. E para você, pai, deixo estas palavras com meu afeto!"

A carta psicografada era assinada por Henrique Garcez.

Abel relia. Reflexionava sobre as palavras do desencarnado. Bom seria, evidentemente, que a carta chegasse ao destinatário. Acaso seria, Hélio Garcez, o primo de seu amigo Osmar, da revenda de carros? Tinha lembranças remotas do filho de Hélio, ainda menino; sabia vagamente que ele havia desencarnado há alguns anos, quando já não vivia mais no Brasil. Todavia, a situação exigia cautela. Por essa razão, Abel levou a mensagem ao conhecimento dos dirigentes do Centro Espírita que, após cuidadosa análise, concluíram que a carta deveria ser entregue aos familiares.

Enfim, havia possibilidade de ser o parente de Osmar. Pensou mais um pouco e decidiu ir procurá-lo no dia seguinte. Saberia como encontrá-lo. Era grato a ele por ter sido uma das poucas pessoas que o incentivaram ao retorno da prática mediúnica quando tantos o recriminavam pelos erros cometidos no passado.

Abel também dera a si mesmo a chance do recomeço, conforme lembrou Henrique na mensagem, e dava a sua aptidão mediúnica uma finalidade mais útil e fraterna. Por suas mãos fluíam mensagens consoladoras dirigidas ao público em geral ou em caráter particular, levando consolação e esperança a muitas pessoas abaladas pela dor da separação de seus entes amados.

Era essa a tarefa à qual Abel se dedicava com amor, afinco e disciplina nos últimos anos, podendo contar novamente com o concurso de espíritos esclarecidos e preparados para tal mister.

Decidira-se, por fim. Iria mesmo avistar-se com Osmar para falar-lhe a respeito da carta e das condições em que fora obtida.

* * *

– Carta psicografada? – indagou Osmar, com ar de espanto, ao médium que, um tanto desajeitado, estava diante dele.

– Como foi isso, Abel? Você agora trabalha com psicografia? – tornou ele, querendo se informar mais.

– Sim, Osmar, procurei recomeçar em seguida àquela noite em que nos encontramos em frente ao Centro, você recorda?

– Perfeitamente! Você na época hesitava em retornar às atividades por temer as críticas, mas pelo visto voltou à ativa com o pessoal do Além – rematou ele, informal como sempre.

Depois do quase gracejo, Osmar perguntou a Abel:

– O que o faz pensar que esta carta seja de Henrique?

– Eu gostaria que você lesse e tirasse suas próprias conclusões.

– Se eu lhe apresentar uma foto dele, seria capaz de dizer se se trata dele ou não?

– Podemos tentar! A feição dele me marcou profundamente aquela noite.

Osmar levantou-se e foi até a estante onde guardava uma foto de Henrique. Mostrou-a a Abel, que o reconheceu imediatamente. Ainda assim, nada disse, insistindo novamente para que Osmar lesse a carta.

O dono da revenda de automóveis pensava consigo mesmo: "Médiuns, como entendê-los?". Ainda mais no caso de Abel, que se vira acompanhado de entidades duvidosas e mal-intencionadas por tanto tempo. Ainda há pouco, contara sobre o quão árduo fora seu caminho de volta, em busca do reajustamento, em face das desconfianças que enfrentara e que ainda enfrentava, mas da sua persistência em prestar, agora, um serviço voltado para o amor ao próximo.

Não era difícil notar que Abel tinha a saúde combalida, resultado dos seus excessos e descuidos. Sua aparência denunciava os maus tratos que infligira a si mesmo nos últimos anos. Ainda assim, abalara-se de sua residência em distante e modesto bairro até a revenda para lhe falar de uma comunicação mediúnica e da possibilidade dela ser de autoria de Henrique, um parente distante que, quando desencarnou em plena juventude, não era mais visto por Osmar há muito tempo.

Ele olhava para o papel dobrado sobre sua mesa, missiva do Além. O que o pai de Henrique pensaria a respeito? Se a carta fosse entregue a Anne, ela certamente acreditaria com mais facilidade. Sabia que em breve ela estaria em visita ao Brasil. E talvez fosse a oportunidade de contar a ela, conforme o caso.

O telefone tocou no justo momento em que Osmar se preparava para finalmente ler a carta entregue por Abel. Este, por sua vez, ao perceber que a conversa se prolongaria, levantou-se devagar, despediu-se com um aceno e retirou-se em seguida.

Osmar ainda saiu atrás dele assim que se desembaraçou do assunto que o prendeu ao telefone. No entanto, ele já havia entrado na condução de retorno para casa.

– Que homem mais estranho! – exclamou de novo para si mesmo. – Será que devo dar-lhe crédito? Deixou sobre minha mesa uma carta que pode ser de alguém que conheci tão pouco. Não me sinto em condições de avaliar se esta carta pode ser ou não dele. Quem pode dizer isto com mais exatidão é a mãe, que mora nos Estados Unidos. Mas como contar a ela sem criar falsas expectativas?

Eram questões que atormentavam a mente de Osmar naquele instante. Até que, por fim, sentou na poltrona e começou a lê-la. Sim, era a descrição perfeita de uma criança que crescera em lar confortável, provido de todo o conforto material possível, mas carente do afeto paterno. Falou da própria doença, de como ela lhe trouxe certa maturidade na compreensão dos fatos e, por fim, incentivava o pai ao recomeço em um novo relacionamento. Suas palavras eram tocantes e pareciam mesmo remeter à história entre Henrique, Hélio, Anne e Agnes. Ao fim da leitura, Osmar, sempre emotivo, tinha os olhos marejados de lágrimas. Algo em seu sentimento dizia que sim, que as palavras eram de Henrique Garcez e que poderiam servir de alento a seus pais. Abel não teria acesso a tantos detalhes, narrados ali com riqueza de sentimento.

Osmar ficou pensativo por alguns instantes. Lembrou-se com carinho do pai, velho lidador espírita, e da sua prudência em situações como aquela.

Há poucos dias conversara com Hélio, que vivia uma fase promissora com Agnes, a namorada dos tempos de juventude e que reencontrara de maneira surpreendente. Carregava consigo, ainda, o pesar de não ter sido o pai que poderia. Ao que tudo indicava, esse sentimento iria perturbá-lo até os seus últimos dias. Evidentemente, não queria isso para si, porém, ao mesmo tempo não conseguia se libertar da penosa impressão.

Aguardava pela vinda de Anne, a ex-esposa, que ficaria na casa de amigos em São Paulo. Seria uma oportunidade feliz de reencontrá-la.

Osmar tornava a reler a carta, sempre se emocionando com as palavras ali registradas. E tornava a perguntar-se se deveria ou não mostrá-la aos pais de Henrique. A noite caiu e o encontrou imerso em dúvidas! Até que tomou sua decisão...

13

Voltemos a Campos do Jordão, em noite de baixa temperatura.

Vicente bebericava uma deliciosa xícara de chocolate quente para amenizar o efeito do frio.

Observava discretamente o constante ir e vir da filha Viviana, inquieta na sala da confortável residência. O sangue parecia ferver. Trazia ela as faces rubras e andava de um lado para o outro, impaciente.

Sim, Viviana voltara a andar depois de tenazes tentativas e pacientes esforços.

A lesão felizmente regredira e ela movimentava-se bem, para alegria de todos.

E, agora, vivia um momento promissor em sua existência. Voltara aos estudos, engajara-se num trabalho voluntário junto a vítimas de acidentes e optara por prosseguir em suas pesquisas e leituras sobre a Doutrina Espírita, que muito a cativou ao oferecer explicações lógicas para diversas dúvidas que a inquietavam.

A filha de Vicente e Estela tinha, agora, convicção de que a vida prossegue além da decomposição do corpo físico. Aprendera a lidar com mais serenidade e sem culpas em relação com acidente que vitimara sua amiga Érica, fato que, por muito tempo, imobilizou-a tanto física quanto emocionalmente.

Na área afetiva também surgiam novidades. Reencontrara Vítor, a quem há muito tempo não via, seu antigo companheiro de brincadeiras na infância em Campos do Jordão.

Separaram-se na adolescência. Ele foi morar com os pais no exterior, promoveu sua formação na área de administração e, agora, voltava ao país para gerir os negócios da família junto ao tio, empresário do ramo das comunicações.

O reencontro dos dois em uma festa surpreendeu Viviana. De novo, estava diante do menino implicante de outros tempos, como ela o chamava.

Vítor guardava, ainda, traços daquele menino travesso que por vezes a divertia, por outras a importunava. Ainda assim, eram companheiros em muitas brincadeiras, travessuras e passeios.

Estela e Vicente também estimavam muito revê-lo e perceberam que, desde o reencontro inesperado, Vítor recomeçou a antiga parceria.

O pai da jovem, naquela noite fria, observava quase como se fosse invisível.

Em dado momento, porém, ela voltou-se para ele, dando a conhecer o motivo de sua inquietação, enquanto o pai simulava não saber do que se tratava:

– Vítor já devia ter chegado! Onde eu estava com a cabeça quando fui contar com ele para meu projeto? Não vem e não me avisa nada...

Vicente apenas ouviu sem dizer uma palavra. Ela afastou-se novamente e prosseguiu em seus resmungos.

Seu pai, ao fingir indiferença ao que se passava, apenas recordava da conversa com Vitor, semanas antes.

Na ocasião, o rapaz confessara sua paixão pela jovem. Nem precisava. Saltava aos olhos o interesse dele por ela e aí residia o problema, na visão de Vicente. Por isso, recomendou ao candidato a futuro genro:

– Não deixe tão evidente seu sentimento por ela. Ao contrário, afaste-se, manifeste indiferença, não seja tão solícito. Faça até com que ela pense que você está envolvido com outra pessoa. Só assim a Vivi vai perceber o que realmente sente por você. Ofereça sua ausência para que ela sinta falta de sua presença. Só assim você vai conquistá-la! Acredite no que lhe digo, Vítor! Eu conheço minha filha!

Ele o ouviu um tanto desconfiado e reticente, mas decidiu pôr em prática as sugestões que recebeu.

Afastou-se por um tempo, viajou sem nada dizer a Viviana, deixando-a sem saber o que se passava. Enfim, deu a entender que perdia o interesse por ela.

Viviana notou. Um tanto contrariada, arrumou um pretexto para entrar em contato com ele e o aguardava para o encontro... Vítor não chegava.

Vicente, observador atento, fingia ler o jornal. A filha mais uma vez se aproximava:

– Não suporto atrasos...

– Você também se atrasa e deixa as pessoas esperando... Não custa aguardar um pouco.

Ela atirou-se sobre o sofá, suspirando.

Vicente, provocativo, comentou com ar de displicência:

– Eu nem sabia que ele tinha voltado de viagem. Ouvi comentários de que havia ido se encontrar com uma ex-namorada que veio visitar o Brasil. Será que ele vem? – concluiu ele, fingindo mais interesse na leitura.

Viviana nada respondeu, mas o fuzilou com o olhar. Estava, sim, enciumada, ainda que quisesse disfarçar.

Quando a campainha finalmente tocou, ela saltou do sofá, pegou sua bolsa e saiu sem se despedir do pai.

Vicente sorriu. Divertia-se com a situação e dizia para si mesmo: "Ah, os jovens! Tanto a aprender sobre a arte da conquista". E só então, voltou à leitura do jornal.

* * *

O dia seguinte amanheceu com forte neblina. Eram cerca de dez horas da manhã quando Viviana sentou-se na varanda, acompanhada de um livro. Meditava nas palavras de um de seus autores preferidos, tanto dela quanto de seu pai, o poeta e filósofo indiano Rabindranath Tagore.

A singeleza e a profundidade de seus versos a encantava. Ela lia, em silêncio, a poesia "Lugar de Amor":[8]

Em todo indivíduo existe
um recanto imaculado,
virgem, inexplorado,
silencioso, profundo...

Em toda criatura permanece
um mundo,
santo e ignorado,
nunca dantes penetrado,
aguardando,
enriquecido de ternura...

Há, no abismo de toda alma,
um rochedo,
um lugar, uma ilha,
um paraíso,
um recanto de maravilha
a ser descoberto...

Em todo coração se demora
um espaço aberto para a aurora,
um campo imenso
a ser trabalhado,
terra de Deus,
lugar de sonho,
reduto para o futuro...

Em toda vida
há lugar para vidas,
como em toda alegria
paira uma suave melancolia
prenunciadora de aflição.

---

8 Do livro *Pássaros livres*, psicografado pelo médium Divaldo P. Franco.

Ela refletia sobre essas palavras. Toda alma humana é um campo a ser semeado e o semeador é Deus. Ele semeia virtudes a mancheias e elas florescem na intimidade de cada um, conforme a fertilidade do solo. Não são poucas as vezes em que deixamos grassar a erva daninha; somos descuidados no desenvolvimento das sementes que deixamos germinar. Tudo o que cresce em nós é resultado das nossas escolhas em deixar crescer a boa ou má semente, a erva daninha ou a planta generosa.

Era essa a interpretação que fazia das palavras do sábio Tagore. Observava a manhã nublada e recordava dos trechos obscuros que atravessara em sua vida, dos momentos de extrema incerteza em que não podia, de forma alguma, divisar o que viria. Mas agora o sol parecia raiar. Novas expectativas, recomeços, coragem para percorrer caminhos novos. Era o que queria para si.

Percebia em seu íntimo um "campo imenso a ser trabalhado", o quanto era importante o autoconhecimento. E, nessas buscas por respostas, descobria em si novas capacidades. Deus, ao contrário do que por muito tempo supôs, não a castigara por sua intransigência e imprudência. Ao contrário, dava-lhe uma nova chance. E, em muitos casos assim, as pessoas costumam, ou ao menos deveriam se perguntar: de que maneira Deus conta com elas? O que lhes cabe realizar de produtivo não só em relação a si mesmas, mas também em relação à realidade que as cerca?

Convivia, agora, em seu trabalho voluntário junto a alguns amigos, com pessoas que haviam passado por experiências traumáticas, vítimas de acidentes tão graves quanto o dela e que buscavam a reabilitação. Jonas, seu fisioterapeuta, convidara-a para aquela tarefa solidária. Ela, de início, rejeitou. Todavia, depois de uma primeira visita, mudou de ideia e, agora, fazia um grande aprendizado junto àqueles que queriam participar. Não eram apenas visitas e conversas, eram proporcionadas oficinas de artesanato e música, palestras e passeios, fazendo com que todos renovassem o gosto pela vida.

Recordava-se de rostos amigos enquanto lia a poesia. Orava muito por todos eles. Sabia o quanto era duro conviver com limitações depois de ter uma vida saudável, conforme acontecia a muitos deles. Mas a poesia estava a lembrar das infinitas possibilidades que existem no solo da alma humana.

Estava tão absorta que demorou a perceber a aproximação de Vicente. Ele chegava discretamente para sentar-se ao lado dela, ao vê-la entretida com a leitura.

Ela sorriu e segurou sua mão. Como era bom tê-lo ali! Como foi importante contar com seu apoio incondicional em todos os momentos de sua recuperação! Vicente não se deixou esmorecer e, confiante, fez com que ela acreditasse, firmemente, na possibilidade da recuperação. Era grata a Deus por todo o apoio que tivera da família. Conheceu casos em que os pacientes não podiam contar com isso.

Partilhou com ele sua leitura, recitando:

Há, no abismo de toda alma,
um rochedo,
um lugar, uma ilha,
um paraíso,
um recanto de maravilha
a ser descoberto...

E Vicente continuou:

Vem, meu amado
Rei e Senhor,
dominar a minha ansiedade,
conduzir-me pela estrada
da redenção.

E toma desse estranho e solitário país,
reinando nele e o iluminando
com as tuas claridades celestes,
para que, feliz, eu avance,
até o desfalecer das forças,
no Teu serviço libertador.

Vem, meu Rei,
ao meu recanto
e faze de minha vida
um hino de serviço.
E por Ti uma perene
canção de amor.

Ao declamar os últimos, versos, ele abraçou-se à filha. Sabia da imensa transformação que se operava nela nos últimos tempos. Como era bom tê-la em seus braços, mais esperançosa com a vida, após ter vencido batalhas consigo mesma, apaziguando-se, e ter saído vitoriosa. Agora buscava, à sua maneira, auxiliar outras pessoas no mesmo processo. Seria essa a sua função na vida?

Viviana aprendia a dar passos além de seu mundo e suas necessidades e caminhar em benefício dos outros. Até então, sua existência havia sido marcada por futilidades e caprichos, carente de objetivos maiores. Por muito tempo, ele viu aquilo com preocupação.

Felizmente, a filha valeu-se da dura experiência pela qual passou e que quase foi fatal, para ela, para se tornar uma pessoa melhor. Ergueu-se da cadeira para envolver-se com atividades úteis e proveitosas que agora preenchiam sua vida com um novo sentido.

Enfim, deixara crescer a semente boa e combatia as ervas daninhas, tal como deve suceder a cada um de nós.

Pai e filha ainda permaneciam abraçados quando o sol começava a despontar no horizonte, dissipando lentamente a neblina.

Nada diziam. Apenas contemplavam, embevecidos, o belo cenário a se descortinar diante de seus olhos.

Devagar, Estela aproximou-se e, agora, eram os três abraçados na varanda.

– Faltava mesmo você, sol da minha vida! – sussurrou Vicente no ouvido da amada.

– Falta nossa Silvana, também, mas tenho boas notícias: falei com ela pelo telefone. Vai conseguir chegar amanhã!

Vicente e Viviana exultaram. Todos estavam com saudades dela, que estava em viagem, participando de um simpósio de engenharia civil em outra capital.

A jovem engenheira trabalhava em seu próprio escritório e progredia com segurança e com reconhecida competência pelos caminhos profissionais que escolhera. Era uma conquista merecida, resultado de seus permanentes esforços, diziam muitos.

Em dado momento, Estela comentou:

– Não entendi muito bem, mas parece que ela se encontrou com Osmar Garcez, da revenda de automóveis, você o conhece! Ele quer falar com você a respeito de uma... carta psicografada!

Vicente também ficou sem entender do que pudesse se tratar. Procuraria por Osmar em seu retorno. Ficara intrigado.

Já Viviana, ao ouvir a menção a uma carta psicografada, recuou no tempo. Lembrou-se que havia sido salva por uma delas. Recordou-se com carinho do dia em que a querida Dudu a procurou em São Paulo. Tinha em mãos uma carta assinada por Érica, recebida mediunicamente no centro em que ela frequentava em Goiânia.

Profundamente emocionada, leu e releu a missiva do Além. Sem dúvida, tratava-se da amiga que mencionava detalhes do dia do acidente que só elas conheciam. Referências a lugares, pessoas e sentimentos, tal como ela o faria se estivessem frente a frente outra vez. A mesma linguagem irreverente, espontânea, mas impregnada de carinho e ternura. Sim, só podiam ser palavras de Érica que dizia estar em paz consigo e com o mundo em que vivia agora.

Viviana viu-se novamente naquele dia, em que somente conseguiu abraçar Dudu, sem articular palavra. Na ocasião, ainda não havia recuperado os movimentos dos membros inferiores. Contudo, saber que Érica estava bem onde se encontrava, que não precisava perdoá-la porque de nada a acusava, foi um impulso poderoso para sua recuperação.

Isso fez com que ela ficasse curiosa quanto à carta mencionada. Seu pai também ficara intrigado, querendo entender porque Osmar Garcez, seu amigo de longa data, lembrara justamente dele quando tinha tantos outros amigos mais informados sobre o assunto do que ele próprio. Ainda assim, recebera o recado e entraria em contato.

Em seguida, saiu com Estela para preparar uma surpresa para a chegada da filha. Viviana ficou novamente a sós com suas leituras, diante da deslumbrante paisagem ensolarada daquela manhã!

* * *

No dia seguinte, ainda em Campos do Jordão, pouco depois do almoço, Vicente e Estela, abraçados, viam, da janela de seu quarto no andar superior, uma cena que chamou sua atenção. Viviana e Vítor, na entrada da casa, conversavam, ou melhor, discutiam. Era difícil definir.

Em dado momento, Estela, bem-humorada, perguntou ao marido:

– Aquilo ali é uma relação de namoro? Será amizade? O que será que vem por aí?

– Seja lá o que for – completou Vicente –, está fazendo nossa menina se sentir mais viva, com mais gosto pela vida! Esse rapaz está mexendo com ela, sim, é bom que isso aconteça.

Estela ouviu e ficou pensativa. Lembrava do quanto a última relação afetiva da filha com Ronie havia deixado marcas indeléveis. Que tempos agitados e tumultuados aqueles! Como Vivi sofria por ciúme, por temer perder algo que nunca foi seu. Aliás, conjeturava ela, a maioria dos relacionamentos não dá certo porque as pessoas começam a se julgar donas umas das outras. Por muito tempo, Vivi achou ser possível viver bem ao lado de alguém que nutria seu verdadeiro afeto por outra pessoa. Pensou ser possível modificar isso, por vezes fazia de conta que não era assim. Na época, os pais observavam sem interferir. Não viam futuro naquela relação, mas não se manifestavam. Eram lições que a filha precisava aprender. Só lamentavam profundamente a forma trágica com que tudo se encerrou.

– Nossa menina merece navegar por águas mais tranquilas no que tange a sentimento, não é, meu velejador? Já enfrentou muitas tempestades, por conta do caráter voluntarioso, devo reconhecer, mas merece agora viver ao lado de quem a ame de verdade!

– Vítor a ama, Estela, eu sei disso. Ela está relutando com os próprios sentimentos, não entendo bem o porquê. Talvez por receio de se envolver novamente. Mas assim que sentir confiança nele, tudo se resolverá.

Estela admirava a capacidade de Vicente em compreender a alma de suas três mulheres, seus três amores: a esposa e as duas filhas. Havia muitas coisas que elas nem precisavam verbalizar. À sua maneira, ele captava. E isso fazia dele um grande companheiro e confidente. Há pouco, descrevera com exatidão o estado de alma da filha mais nova. E estava ali, pronto para sair, em seguida, na companhia da filha mais velha, que há pouco chegara de viagem. Vinha cheia de novidades e saudosa da família.

Vítor e Vivi não tardaram a sair. Ao vê-los partir, Estela recordou os versos do poeta gaúcho Mário Quintana:

Se tu me amas, ama-me baixinho
Não o grites de cima dos telhados
Deixa em paz os passarinhos
Deixa em paz a mim!
Se me queres,
enfim,
tem de ser bem devagarinho, Amada,
que a vida é breve, e o amor mais breve ainda...

Em seguida rematou:

– O amor verdadeiro tem que ser fonte de paz, não de inquietação. Deve fazer com que o outro sinta bem-estar, sinta-se respeitado, compreendido. Onde falta isso, há desajuste e sofrimento e o relacionamento está fadado ao fracasso.

Vicente e Estela sempre souberam respeitar a liberdade de escolha e os limites um do outro. Haviam aprendido com a vida que este era o caminho certo a seguir, quando há um afeto verdadeiro.

Ficaram em silêncio por alguns instantes, logo quebrado pela filha Silvana, que assomava à porta, provocando:

– Alguém para me acompanhar em um passeio a cavalo?

Vicente sorriu e seguiu com ela. Estela logo daria andamento às suas atividades, feliz por estar com a família reunida!

Não demorou muito para pai e filha chegarem a um belo lugar, onde o rio descia encachoeirado, paisagem belíssima, apreciada por ambos.

Ali, desceram das montarias e sentaram-se aproveitando o sol da tarde.

Silvana observava o pai. Aquele olhar distante no horizonte, aquele silêncio inesperado em meio a uma conversa, o pensamento distante por vezes, tudo isso possuía um significado: era o sinal de que o velejador estava sentido saudades de singrar os mares.

Embora ele nada dissesse a respeito de planos de alguma viagem, Silvava percebia esses sinais secretos que brotavam do fundo de sua alma e se apresentavam na forma daquele olhar distante que ela, mais uma vez, observava. Não tardaria muito para ele expressar algum desejo recôndito, vontade de conhecer alguma região remota do planeta. O espírito aventureiro gritava nele e seria para sempre assim.

Nos últimos meses, decisivos na recuperação de Viviana, ele esteve sempre presente. Fizeram viagens curtas e agradáveis no veleiro, mas todos sabiam que isso não era suficiente para ele, sempre excitado por aventuras maiores.

Na tentativa de fazê-lo voltar a atenção para o momento que desfrutavam, ela perguntou:

– Pai, vocês não notaram nada de diferente na Vivi quando ela chegou aqui? Ela não lhes contou nada?

– Contar sobre o quê? Não sei a que você se refere! Notei que ela, nos últimos dias, tem passado distraída com suas leituras, tem saído com o Vítor, procurado se ocupar. O que ela deveria ter nos contado?

Silvana percebeu que os pais nada sabiam do que sucedera a Viviana dias antes de sua saída de São Paulo. Então, passou a relatar o acontecido, que ouviu da própria irmã, enquanto arrumava as malas para viajar.

Contou que ela havia encontrado Dulcina no centro da cidade, enquanto esperava a carona de uma amiga. Conversaram rapidamente. Ficou sabendo que a tia Dudu estava fazendo compras em algumas lojas, inclusive para o enxoval do bebê.

Mal terminou a frase e Viviana deparou-se com Ronie e Dani, vindo de mãos dadas em sua direção. Pelo que contou, ela, de início, ficou sem saber o que fazer. A futura mamãe estava em avançada gestação, quase sete meses de gravidez.

O rapaz, gentil como sempre, veio abraçá-la feliz ao vê-la recuperada. Enquanto isso, Daniela a fitava, discretamente, sem nada dizer.

Sim, Ronie, seu ex-namorado, estava muito contente por ser pai de um menino.

Silvana pausou a narração. Vicente comentou:

– Deve ter sido um choque para ela! Pelo que sei, há muito tempo não via o Ronie! Fico feliz por ele, também!

– Pai, eu ainda não terminei. O que vem a seguir vai lhe surpreender mais ainda. Eu mal acreditei quando a Vivi me contou, emocionada!

– Do que se trata? – indagou Vicente, curioso.

– Ela se lembrou daquele episódio infeliz na clínica, quando humilhou Daniela publicamente. Ela me disse que não sabe como conseguiu isso, mas se aproximou da moça, desculpou-se pelo acontecido e desejou felicidades a ela e ao bebê. A outra aceitou e as duas se abraçaram. Enfim, logo chegou a carona que Vivi esperava e ela se foi. Mas chegou em casa muito surpresa consigo mesma.

Vicente ouviu, ensimesmado. A seu ver, isso representava que uma transformação profunda se operava em Viviana que, em outros tempos, não teria agido assim. Imatura emocionalmente, teria tido uma reação bem diferente.

Silvana rematou:

– Achei estranho ela não ter comentado nada com vocês! Deve ser porque ainda está procurando lidar bem com a situação, organizar os pensamentos. Eu viajei no dia seguinte e ela veio para cá. Pai, alguma coisa está acontecendo com a nossa Vivi, mas é uma mudança para melhor!

– Amadurecimento, filha! Ela está conseguindo responder de maneira mais digna e madura a situações que antes a perturbavam e a desequilibravam! Isso é muito positivo! Talvez ela ainda venha me contar, mas desde já estou feliz pela minha filha.

Logo o assunto mudou de foco e Vicente indagou a Silvana:

– Você também disse que o Osmar Garcez quer falar comigo sobre uma carta psicografada...

– Sim, pai... Eu não quis comentar com a mãe pelo telefone porque ela tem verdadeiro ódio por aquele homem que enganou o vovô. Pelo que eu entendi, foi ele que psicografou uma mensagem do filho do primo do Osmar, que você conhece também.

– Eu sei, o filho do Hélio morreu há alguns anos. Mas continuo sem saber no que eu posso ajudar. Ainda assim, vou ao encontro dele quando voltar.

Silvana e o pai passearam abraçados, demoraram-se mais um pouco apreciando a paisagem encantadora e logo retornaram para seus afazeres.

14

Tão logo retornou a São Paulo, Vicente foi ao encontro de Osmar Garcez, que o recebeu com a simpatia habitual.

Dias antes, segundo sua narrativa, Anne, a mãe de Henrique, havia chegado dos Estados Unidos e permaneceria por duas semanas.

Osmar tinha em mãos duas cartas psicografadas assinadas por Henrique, uma endereçada à mãe, outra ao pai. Em suas palavras transparecia a saudade, mas, ao mesmo tempo, a esperança, a gratidão por estar cercado de amigos e o constante desejo de aprender e servir.

Na segunda carta psicografada dirigida à mãe, ele se referia com precisão a datas, lugares, pessoas e fatos, diferentemente da primeira, dirigida ao pai, em que falara em caráter mais amplo.

Osmar recordava-se com imensa ternura do filho do seu primo nas oportunidades em que veio ao Brasil, por vezes só, por vezes na companhia da mãe e de quando os visitava nos Estados Unidos.

Conversara com Abel a respeito das condições em que a mensagem fora obtida. Nas duas ocasiões, estava ele em reunião mediúnica no grupo ao qual se vinculara. Na segunda vez, Henrique se apresentara à vidência de outra médium, que o descrevera com precisão. Todos esses fatos narrados por Osmar despertaram a curiosidade do ouvinte, que indagou:

– De tudo que você me contou, parece haver evidências suficientes de que se trata mesmo de Henrique. Por que essa insegurança, essa dúvida em mostrar ou não as cartas aos pais dele?

Osmar levantou-se, passando a caminhar pela sala como se procurasse palavras para expressar sua opinião. Na verdade, o que o intrigava eram quais os motivos que levariam Henrique a escolher Abel como seu intermediário; logo ele, alguém tão comprometido com erros graves no passado. Curiosamente, porém, ele mesmo o havia encorajado a recomeçar em bases melhores o que, de fato, constatava agora: o médium estava se dispondo a fazer o melhor, mesmo sem ter a mesma mediunidade prodigiosa de antes e estar com a saúde abalada por conta dos excessos de outros tempos. Ainda assim, buscava corrigir-se.

Ao ouvir as considerações do amigo, que procurava compreender melhor o sucedido, Vicente considerou:

– Talvez seja pelo fato de você tê-lo ajudado que agora a sua família tenha sido a beneficiária do trabalho dele. Pelo que eu entendo, Anne ficará extremamente feliz ao ler a carta do filho; seu receio é quanto à reação de Hélio, que sempre carregou muita culpa por não ter tido um bom relacionamento com o filho enquanto estiveram juntos. Quem sabe se, penso eu, ao ler a carta, ele possa ver que o filho entende tudo agora, por um novo ângulo, tal como costuma suceder a todos nós quando nos despedimos da vida material e deixamos aqui as nossas ilusões. Vemos tudo com mais clareza.

– Eu entendo, Vicente! Henrique chega mesmo a encorajar o pai a dar um novo rumo a sua vida junto à mulher que ama!

– Por certo, Osmar! Eu conheço a Agnes, ela é vizinha das minhas filhas, mãe da Ângela, que é uma menina adorável! Também ela merece ser muito feliz junto à pessoa amada. Fiquei contente quando soube se tratar do Hélio. Eu noto que ele e a menina se dão muito bem.

O interlocutor refletia. Por certo Vicente tinha razão. A carta poderia oferecer paz ao coração de Hélio, sempre tão envolto em penosas impressões quanto ao que não foi, ao que poderia ter sido, guardando recordações tristes das constantes desavenças com o filho. Também ele notava a estreita afinidade que o unia a Ângela, menina que o encantava ainda que não fosse sua filha. Parecia estar cuidando para não cometer com ela os mesmos erros que cometera com o filho e Agnes o ajudava muito nisso. Onde há amor verdadeiro, tudo fica mais fácil, considerava ele, todas as vezes que os via juntos.

Henrique, ao que tudo indicava, havia nascido de uma relação erigida em outras bases que não as do legítimo afeto e, de certa forma, havia sentido o reflexo disso. Hélio terminou por estender a ele, de alguma maneira, o mesmo sentimento que nutria por Anne.

E mostrava-se indiferente e arredio à família, dando a entender que melhor passava sem a companhia deles. E quando a doença do filho tomou a todos de surpresa, só então o pai compreendeu a necessidade de se fazer mais presente. No entanto, faltava pouco tempo.

Porém, agora, tinha a oportunidade de compreender que a vida segue para Henrique, oferecendo-lhe infinitas possibilidades de aprendizado e de realizações.

Lamentava apenas tratar-se de Hélio, sempre inconstante em relação a acreditar na vida futura. Embora tenha ele tomado contato muito cedo com o E[espiritismo; embora tenha sido convidado, em vários momentos de sua vida, ao contato com o trabalho na seara espírita e, agora estivesse na companhia de Agnes, sempre firme em suas convicções espíritas; ainda assim, ele continuava hesitando, priorizando outras atividades e deixando de lado o estudo que tanto o ajudaria. Era uma opção dele, era preciso respeitar. Daí a dúvida em apresentar ou não a carta. Em saber em que medida ela poderia ou não ajudá-lo. Sabia ele que era preciso agir com cautela em casos assim.

Vicente ouvia as considerações do amigo e recordava-se da experiência vivida por sua filha Viviana ao receber uma carta do Além, assinada por sua querida amiga Érica. Faria isso sem suspeitar que era, essa, a razão principal que o levara a estar ali, naquele preciso instante, na companhia do amigo. Contaria com precisão o que presenciou naquele dia tão importante para a recuperação de sua querida.

Para tanto, sua memória recuou àquele dia chuvoso no qual recebeu a visita da estimada Dulcina, mais uma vez, em seu apartamento. Estava ele a sós com Viviana. Silvana e a mãe só regressariam no outro dia.

Trazia, ela, seus afamados e deliciosos doces, mas trazia mais: portava consigo palavras de esperança e ternura, provindas de um afeto que agora habitava o mundo espiritual. De certa maneira, cumpria com satisfação um dever do qual se incumbira, mas antes achou prudente relatar o acontecido a Vicente.

E começou a contar, com seu jeito simpático, seguro, fala mansa, como se estivesse a mexer um tacho de doce.

Um médium conhecido seu em Goiânia havia recebido uma mensagem psicografada, de autoria de Érica, dirigida a seus familiares. Em um determinado trecho, ela contou detalhes do acidente que a vitimou e se dirigia a Vivi com a ternura e o carinho de sempre. Extrovertida como de costume, contou estar sempre cercada de atenção por parte de seus amigos e receber deles todo o incentivo para seguir seu progresso, aprendendo com os erros, porém, sem se prender a eles.

Érica repetia esta expressão, que costumava usar seguidamente e logo foi reconhecida por aqueles que com ela conviviam: "Não se culpem, não se culpem nem lancem acusações uns contra os outros, pois isto só me fere! Estive entre vocês o tempo que foi necessário. Na visão de muitos, minha existência encerrou-se de maneira brutal e repentina. Não acreditem nisso! Compreendo agora que nada se deu à revelia de minha vontade. Não há injustiças nos planos de Deus, bem o sei", escreveu em determinado trecho da carta.

Vicente lia emocionado. Recordava os belos traços da jovem, sempre elegante e bem-humorada, que era constantemente companhia de Viviana. Tinha convicção de que prosseguia agora em outra dimensão vindo, amorosamente, exortar a todos para que se poupassem de sofrimentos desnecessários. Ela continuava a viver e a amá-los, no entanto, era preciso desfazer as amarras de pesares e culpas que insistiam em prejudicar as relações de uns para com os outros. Usava uma linguagem firme, a tal ponto de impressionar os pais, em relatos contundentes. Sim, reconheceram eles, tratava-se mesmo de uma mensagem da filha querida, da qual nem tiveram chance de se despedir. Não podiam supor que não mais a veriam naquele dia em que ela saiu dizendo que faria uma viagem curta com a amiga. No entanto, não mais retornaria com vida, com seu jeito extrovertido e irreverente de ser.

Todavia, pelas mãos de um médium experiente e bem conceituado na tarefa que abraçara, ela retornava, não apenas para falar do que se passara, mas para lembrar-lhes do futuro e das muitas realizações que poderia trazer, caso todos saíssem da prostração e da apatia em que se encontravam diante de algo que não podiam mudar.

Nesse trecho da carta, Alberto identificou sua filha com clareza. Certamente, seria nesse tom, firme e decidido, que ela falaria ao seu coração na tentativa de tirá-lo da profunda tristeza e indignação com o que ocorrera. Dali em diante, concluiu ser mesmo inútil sua busca por culpados. Não existiam, conforme as palavras da filha.

E, logo a seguir, dirigia-se a sua amiga Viviana, com a mesma intenção de confortá-la.

Vicente leu e confirmou a Dulcina que a narrativa de Érica correspondia perfeitamente ao que sua filha também mencionava ter acontecido pouco antes do choque com outro veículo na estrada. De fato, não podia mesmo tratar-se de outra pessoa que não Érica.

Enquanto conversavam, Viviana acordou de um sono profundo. Ficou feliz em perceber a presença de sua amiga e mais feliz ficaria ao saber do motivo de sua visita.

As cartas psicografadas têm servido como alento aos corações fustigados pela dor, como comprovação da continuidade da vida, como serviço redentor aos médiuns, como precioso aprendizado aos que partiram. É indescritível o contentamento que se pode ver nos desencarnados que têm a permissão para registrar suas palavras aos que ficaram na romagem terrena. Isto, porém, só ocorre na hora precisa, com finalidade definida para ser de utilidade. Muitos espíritos não sentem necessidade de se manifestar e isso deve ser respeitado. Não porque deixaram de nutrir afeto por aqueles com quem conviveram no mundo terreno. Tal postura não deve ser confundida com indiferença ou desamor. É que o espectro de atividades com as quais nos deparamos ao conhecermos a vida espiritual se alarga tanto, é tão vasto que nos impele a seguir noutra direção, porém, evidentemente, levando conosco todo o afeto que damos e recebemos.

Por essa razão, nem todos os espíritos se comunicam e, menos ainda, isso ocorre na hora que desejamos. Caso venha a ocorrer, será sempre no momento exato em que os dois planos da vida podem se entrecruzar de forma a beneficiar a ambos.

Viviana tinha agora, em mãos, a carta da estimada amiga desencarnada, recordava Vicente.

Jamais esqueceria a expressão de felicidade da filha naquele dia. Lembrou-se que ela tremia e abria vagarosamente o papel.

Nas primeiras linhas, sentiu a emoção de reconhecer expressões muitos próprias da amiga. Mais adiante, o parágrafo em que Érica se dirigia a ela:

> Naquela noite, tanto podia ser Viviana como qualquer outra pessoa que estivesse ao meu lado e o mesmo se daria. Vivi, minha querida, siga vivendo com alegria e esperança, nada de revolta; isso prejudica sua recuperação e você pode se recuperar, você mais do que ninguém deve saber disso! Eu não devo lhe desculpar de nada, porque essa culpa só existe na sua cabeça. Saiba que continuo a lhe desejar o mesmo bem e o mesmo carinho que sempre lhe desejei. Siga firme e você vai conseguir se sair bem dessa, garota!

Viviana chorava abraçada a Dudu, recordava ainda Vicente, enquanto narrava ao amigo Osmar. Disse sentir como se Érica estivesse ao seu lado dizendo aquelas palavras com o jeito expansivo, sorriso largo de quem todos tinham tanta saudade.

E Vicente encerrou sua narração ao interlocutor rematando dessa maneira:

– Assim, Osmar, Vivi criou novo ânimo, passou a se dedicar a atividades beneficentes. Tão logo retomou os movimentos das pernas, algo que comemoramos bastante, passou a se dedicar ao trabalho com vítimas de acidentes. Aliás, daqui a pouco vou buscá-la, conforme ela me pediu.

O ouvinte estava pensativo. Não ignorava o quanto de benefício uma carta psicografada é capaz de trazer. No caso narrado, por exemplo, fora decisivo na recuperação de alguém que se mortificava pela culpa no acidente de uma amiga tão querida. Érica vinha para isentá-la desse sentimento destrutivo; mostrava-se, mais uma vez, amorosa e solidária como sempre fora. E mais: mostrava-se feliz no plano onde se encontrava, envolvida em atividades e cercada por amigos.

No caso de Hélio, porém, temia que pudesse gerar desconfiança. Aguardaria por Anne. Quanto a ela, não tinha dúvidas da imensa felicidade que experimentaria. Juntos, talvez, encontrassem a melhor forma de preparar Hélio.

Logo Vicente se despediria do amigo para ir ao encontro da filha. Viviana estava agora em uma nova fase de sua vida, sentindo-se mais produtiva e feliz.

No entanto, tão logo a encontrou, surpreendeu-se com seu pedido. Ao entrar no carro, ela foi logo dizendo:

– Pai, me leva rápido para o hospital!

Ele assustou-se e perguntou:

– Por quê? Você está se sentindo mal? O que houve?

– Pai, apenas me leve para aquele hospital próximo daqui. Eu preciso fazer uma doação de sangue, apenas isso.

Vicente notou, pela expressão da filha, que ela não queria comentar muito sobre o assunto. Porém, sua curiosidade era grande e, em seguida, voltou a indagar:

– Trata-se de alguém que eu conheço? Algum amigo seu, por certo...

– Não, pai, pelo contrário. A pessoa que está no hospital precisando de doadores de sangue foi alguém a quem eu detestei muito.

Vicente continuava sem saber de quem pudesse se tratar. Já estavam se aproximando do hospital quando ela, mais refeita, explicou:

– Vou fazer uma doação de sangue para a Daniela. Ela está em estado grave, teve complicações no parto. Sofreu uma queda e teve uma hemorragia. Uma amiga passou por mim e me avisou, agora há pouco, enquanto eu esperava por você.

"Era incrível, mas estava acontecendo, sim", pensou Vicente. Estava surpreso com a reação da filha, há pouco tempo tão magoada, pela decisão do ex-namorado em se unir com sua rival Daniela. Porém, agora, dispunha-se a ajudar de alguma maneira.

Também ele foi fazer a doação. Era um gesto de solidariedade que fez bem a ambos.

Felizmente, Daniela se recuperaria e não tardaria a ter o filhinho nos braços.

* * *

Quando Vicente e Viviana chegaram ao apartamento, Estela os aguardava. Há pouco, Silvana havia saído com a vizinha, Agnes.

A mãe de Ângela queria conversar com Vivi. Esta, por sua vez, presumiu do que se tratava. Devia ser a respeito das visões que a menina costumava ter de pessoas já desencarnadas. Ela mesma havia relatado à vizinha e amiga ter, em mais de uma oportunidade, percebido a presença de Henrique junto ao pai, Hélio.

Nesses momentos, em que a menina confiava-lhe seus segredos no terreno da mediunidade, Vivi lembrava sempre de Dudu, a tia de Ronie, que tanto a ajudou ao apresentá-la ao estudo da Doutrina Espírita, para que ela pudesse seguir por caminhos mais seguros. Embora não se sentisse ainda devidamente informada e preparada para auxiliar à menina, agora com dez anos de idade, sentia que contava com a confiança dela e procurava colaborar.

Agnes encaminhava a filha à evangelização no centro espírita e frequentava o passe, o que muito a auxiliava. Ângela, com sua sensibilidade mediúnica a manifestar-se desde cedo, ainda poderia prestar bons serviços. Convivia com certa naturalidade com os seres do mundo invisível que, vez ou outra, manifestavam-se a sua vidência. No caso de Henrique, captava com clareza que ele estava querendo se comunicar com o pai. Porém, conversava sobre isso apenas com a mãe e com Viviana. Evitava conversar com Hélio por temer sua reação.

Ao receber o recado deixado por Agnes, a irmã de Silvana apenas disse que a procuraria mais tarde e seguiu calada para seu quarto.

Estela estranhou o comportamento arredio da filha e perguntou a Vicente:

– Aconteceu alguma coisa? Ela costuma voltar tão bem desses encontros. Desta vez vocês tardaram tanto a chegar... Algum imprevisto?

– Se eu lhe disser o que ela foi capaz de fazer hoje, talvez você custe a acreditar que foi mesmo nossa filha.

Ao ser informada de que Vivi havia ido ao encontro da detestada ex-rival para socorrê-la com um gesto fraterno de doação de sangue, num momento extremamente delicado, Estela exultou:

– Não há dúvidas, meu querido, que nossa Vivi está se tornando uma outra pessoa, alguém mais amadurecido, em paz consigo mesmo. Há tempos atrás, ela seria incapaz de uma atitude como essa. Certamente seria tomada pela raiva e pela indiferença e nada faria que pudesse ajudar. Ela vem obtendo vitórias sobre si mesma, como você costuma dizer.

Os dois abraçaram-se. Nada melhor para os pais do que ver os filhos progredirem, aproveitarem as experiências, muitas vezes adversas, para promoverem o próprio crescimento. Nada há de mais reconfortante para quem cria os filhos com amor. Era essa a agradável sensação que Vicente e Estela tinham em relação às filhas!

Em breves dias, o velejador teria outra grande alegria! Reencontraria Kurz, seu companheiro de atividades profissionais e de aventuras nas navegações mundo afora! Ele residia em Amsterdã, mas aproveitaria uma estada em São Paulo para visitá-lo.

15

Manhã de sol, ideal para um passeio de *bike* no Ibirapuera. Viviana e a sua amiga Ângela passeavam animadas, realizando um desejo que estava na cabeça de ambas, desde que a primeira passara pela triste experiência de não poder caminhar.

Vinham as duas atentas ao vai e vem das pessoas naquele dia maravilhoso. A certa altura, pararam para tomar água, descansar e observar o movimento.

A amizade que unia as duas já vinha de muito tempo. Ângela, aos dez anos de idade, via em Viviana uma pessoa a quem podia recorrer em suas dúvidas e em quem podia confiar. Em breve tempo, já não seria mais sua vizinha. Hélio adquirira um imóvel próximo dali, já que Agnes e a filha apreciavam muito a região. No entanto, ainda que pudessem continuar se vendo regularmente, não teriam a mesma proximidade.

Em dado momento, a menina comentou:

– Ontem ele apareceu pra mim de novo... o filho do Hélio!

Viviana percebeu, então, que ela queria tratar de um assunto sobre o qual falava com poucas pessoas.

– Ele estava feliz. Ainda bem que ele gosta da gente... Ouvi dizer que quando os mortos não gostam da gente, eles ficam nos assombrando.

A interlocutora sorriu e puxou a menina mais pra perto de si.

– Ele lhe diz alguma coisa?

– Ele não fala, mas eu sei o que ele quer dizer. Não é engraçado? Ele chega perto do pai, mas não com raiva. Dá a entender que quer se comunicar com ele, como dizem lá no centro espírita. Eu acho que é assim que se diz, não é?

Ângela era muito observadora e inteligente. Aprendia tudo muito rápido e já se familiarizava com o modo de falar das pessoas que frequentavam o centro espírita onde ia com a mãe.

Ela continuou:

– Sabe, um dia desses, o Hélio entrou no centro conosco para receber o passe. Ele disse que se sentiu muito bem, há muito tempo não ia lá, desde a época que namorou a mãe pela primeira vez... Você sabe, é a segunda vez que ele namora a mamãe... Devem se gostar muito mesmo para namorar e namorar de novo.

Ambas riram do comentário da menina, que prosseguiu com a conhecida espontaneidade:

– Naquele dia, eu até achei que o Henrique ia aparecer para ele, mas não aconteceu. A mãe já me explicou porque eu o vejo e o Hélio não. Ela disse que nem todo mundo consegue ver os que já se foram, assim como eu.

– Sim, Ângela é isso mesmo! Eu lembro que você contava ter visto seu pai, mas que agora não o vê mais como antes.

A menina fez um gesto afirmativo com a cabeça:

– Da última vez que eu o vi, ele estava muito bonito. Papai estava iluminado e me disse que seguiria com os amigos, mas continuaria me amando para sempre.

– É porque ele continua se melhorando no mundo onde vive agora – completou Viviana. – É muito bom saber que nossos queridos seguem avançando e conservando por nós o seu afeto.

Ângela ficou em silêncio e pensativa.

– Eu vejo que as pessoas sofrem tanto quando morre alguém. Se soubessem que é assim, elas não iriam ficar tão tristes. Esses dias, eu vi o Hélio com as fotos do filho. Ele tem saudades, fica triste. Eu acho que eles não se davam muito bem. Sabe, eu tenho vontade de abraçar ele e dizer que o Henrique tá bem, que ele não precisa ficar tão triste assim. Mas a mãe disse que eu devo esperar mais um pouco e um dia vou, sim, poder dizer.

Nas palavras singelas de Ângela, Viviana pôde perceber porque os espíritos se manifestavam a ela. Tratava-se de uma alma sensível, votada ao bem. Manifestava enorme carinho e respeito pelo homem que passara a fazer parte da vida dela e de sua mãe. Tinha em si o desejo de ajudar e servir; sendo assim, haveria de se tornar um veículo de paz e consolação, fazendo bom uso da mediunidade que cedo aflorava.

Naquele momento, a jovem lembrou-se com gratidão de outra querida amiga, Dulcina, que lhe tinha aberto as portas do conhecimento espírita. Assim, pôde ela melhor compreender os relatos da amiguinha que lhe confiava suas impressões naquele instante. Tinha necessidade de falar e sabia com quem podia contar.

Viviana comentou, no sentido de tranquilizá-la:

– Pelo que eu entendi, está próximo de Henrique conseguir realizar sua vontade de se comunicar com o pai, assim como aconteceu com a minha querida Érica. Até hoje releio a carta que ela me deixou e foi tão importante para que eu deixasse as tristezas e tormentos de lado. Por isso estou aqui, andando de bicicleta com você, meu amor! Então, não fique triste porque Hélio, vai saber tudo o que precisar saber no momento certo.

E, levantando-se, convidou-a a dar mais uma volta pelo parque. Assim seguiram as duas, naquela bela manhã ensolarada.

Enquanto isso, em seu apartamento, Hélio recebia a visita de Anne, sua ex-esposa, e de Osmar, seu primo.

A conversa fluía com fingida naturalidade. Discutiam sobre amenidades, porém, estranhamente, o anfitrião custava a entender o motivo da visita e aquele ar solene que não costumava ver em Osmar.

Estava feliz em ver Anne entusiasmada com seus projetos junto à família em seu país de origem. Afeiçoara-se muito ao Brasil no tempo em que aqui viveu e muitas amizades ficaram preservadas. Não se demoraria muito, desta vez. Ficaria apenas o tempo suficiente para resolver algumas questões e uma delas era, justamente, a que a levava até o pai de seu único e amado filho, já desencarnado. Em certo ponto da conversa, sem mais cerimônias, referiu-se ele ao desassossegado Osmar:

– Afinal, qual é o assunto que o traz aqui? Parece que tem algo a me dizer, mas não sabe como! O que houve? Algum problema de saúde?

– Não sei mesmo como dizer, se soubesse já teria dito há mais tempo... É que é uma coisa tão incrível... Anne, me ajude.

Ela compreendeu a dificuldade de Osmar e interveio:

– Hélio, fiquei sabendo que você está retomando as atividades no centro espírita que frequentou na mocidade, ocasião em que conheceu Agnes... Soube também do que lhe aconteceu ainda no aeroporto, quando você retornava de viagem...

– Eu encontrei aquele livro esquecido do lado do meu banco. Fui ver e era *O Evangelho segundo o espiritismo*. Uma senhora havia levantado e deixado ali. Quase num gesto automático, eu o abri e ali estava a página que eu precisava ler: mortes prematuras. Acabávamos de perder nosso Henrique...

– Não, não o perdemos – afirmou Anne, segurando as mãos dele, visivelmente emocionada. – É sobre isso que viemos falar com você. Recebemos duas comunicações psicografadas de Henrique. Osmar vai lhe mostrar. Nosso filho veio até nós mais uma vez!

Hélio emudeceu. Seus pensamentos eram confusos. Já não duvidava tanto quanto antes da possibilidade de comunicação entre os vivos e os ditos mortos. De que maneira essa mensagem havia sido obtida, foi sua primeira questão.

Ouviu, a seguir, a explicação detalhada de Osmar, relatando que havia sido procurado, meses antes, por Abel Aires, que agora se dedicava a tarefa de intermediário entre os espíritos e seus familiares.

– Tarefa de elevada responsabilidade, reservada a um... médium que se desviou tanto do caminho a seguir... Será que podemos confiar?

– Foi por esse motivo que hesitei tanto em lhe mostrar essa carta e apresentei primeiro a Anne. Pelo que sei, Abel busca se corrigir de seus muitos enganos, aplicando com amor suas faculdades mediúnicas. Até onde sei, retornou ao bom caminho, ainda que com muitas lutas e incompreensões a enfrentar.

– E quanto à carta, como sabem se é mesmo de Henrique?

A essa altura, falou o coração materno e amoroso de Anne:

– Leia a carta e você saberá!

Osmar, então, as entregou. Hélio leu primeiro a carta destinada a ele e deixou-se tomar pela emoção ao ler este trecho: "Lembro de você acompanhando meu tratamento, quando eu já não tinha muito tempo. Sim, pai, eu senti você segurando minha mão no hospital, na tentativa inútil de me reter por mais um pouco, mas eu não tinha mais tempo para lhe oferecer".

Em um relance, viu-se novamente junto ao leito do filho, em terra distante, onde se buscava todos os recursos disponíveis para salvá-lo, os tratamentos mais adiantados. Porém, encerrava-se o tempo de permanência de Henrique na Terra e sua partida deixara uma triste lacuna na vida dos pais.

Em vários momentos, tomara das mãos do filho com o pensamento de retê-lo mais um pouco, para que tivessem como trocar um abraço, um afago, mas as energias do rapaz se exauriam.

No entanto, mais adiante ressurgia ele, em outro plano e de lá acompanhava a trajetória paterna e suas tentativas de promover acertos, não mais enganos.

Enxugando as lágrimas que brotavam copiosas, leu então:

> Sei que meu sofrimento lhe tocou profundamente e lhe fez ter um outro olhar sobre a vida.
>
> Fez você voltar atrás e buscar a mulher a quem tanto ama, porque compreendeu que as boas emoções devem ser vividas sem mais adiamentos, porque a vida é breve e o tempo se escoa rapidamente.
>
> Felizmente, você percebeu que era importante dar a si mesmo uma nova chance, recomeçar sem medo de ser rejeitado, e hoje está realizado ao lado dela.

Henrique descrevia com precisão os acontecimentos mais recentes de uma forma que seria impossível ao médium saber, pois nenhum convívio tinha com ele. Revelava-se satisfeito com a decisão do pai em reatar seu antigo relacionamento. Mostrava mais larga compreensão da vida e dos próprios sentimentos, antes tão controversos.

Enfim, o filho retornava para extinguir toda dúvida quanto à continuidade da vida, toda razão de mal-estar que ainda pudesse existir. Queria a paz e desejava-a para seus afetos. Reconciliava-se consigo e com os outros para trilhar o almejado progresso.

A seguir, leu com Anne a carta destinada a ela, com referências precisas a nomes, lugares, pessoas e episódios completamente desconhecidos do médium.

Não havia dúvida quanto à autenticidade das comunicações. Sim, conforme havia dito Anne, o filho retornava a eles, para lhes renovar as experiências, para demonstrar afeto e libertar-se de amarras geradas por anos de desentendimentos.

Profundamente emocionados, Anne e Hélio abraçaram-se. Sentiam-se agradecidos a Deus pela maravilhosa experiência vivenciada. E Osmar, por sua vez, uniu-se a eles. Não havia sido tão difícil como imaginara. Afinal, a carta falara por si ao coração dos pais!

16

Há pouco, Ângela adormecera com a cabeça no colo de Hélio.

Nos últimos dias, não havia passado bem devido a uma infecção respiratória. Esteve febril, mas já apresentava melhoras.

Haviam conversado muito sobre as visões que a menina vinha tendo de Henrique. Ela feliz, com toda sua espontaneidade, pôde finalmente contar-lhe mais sobre o que percebeu nas vezes em que o rapaz se apresentou a sua vidência.

Hélio ouviu-a, emocionado. Para ela, o fenômeno mediúnico era algo natural, não se revestia do aspecto fantasioso e inexplicável como muitas vezes é apresentado. Enquanto escutava seus relatos, o empresário pensava na grandiosidade da vida, na sua generosidade em lhe dar outra chance de corrigenda. Sabia agora que o filho prosseguia suas experiências em outra esfera, liberto de ressentimentos e mágoas e deixando prevalecer, em si, os bons sentimentos. Cabia a ele, Hélio, fazer o mesmo. Sem mais lamentações pelo que passou, pelo que podia ter sido e não foi. Conversou bastante com Anne, que se mostrava cheia de projetos e ideias para o futuro. Não podia esperar outra atitude dela, mulher sempre dinâmica e corajosa. Admirava-a muito, estimava de coração sua felicidade. Anne era uma mulher notável com quem convivera por muitos anos.

Por muito tempo recriminou a si mesmo por não poder amá-la da forma como ela merecia, com a mesma intensidade de sentimentos que recebia dela. A separação foi inevitável e impediu que o relacionamento se desgastasse ainda mais.

Ela, em breve, retornaria ao país natal, levando consigo, desta vez, a maravilhosa experiência de ver Henrique ressurgir por meio das letras traçadas pelo médium Abel Aires.

Enfim, depois da importante conversa com sua enteada, Hélio levantou-se devagar, arrumou delicadamente a cabeça da menina no travesseiro e cuidou para que ela ficasse bem agasalhada.

Agnes observava a cena sem ser vista. Era em gestos como aquele que Hélio demonstrava amor pela pequena que estava agora, também, sob sua responsabilidade. Interessava-se por usa educação, acompanhava seu progresso na escola, esclarecia suas dúvidas, conversavam e se divertiam muito.

A mãe de Ângela, depois da viuvez, imprimira-se um ritmo intenso de atividades. Jamais esperaria viver os dias felizes que vivia agora. Não contava reencontrar Hélio e poder desfrutar com ele, mais uma vez, aquele amor que parecia irremediavelmente perdido, soterrado no baú das emoções.

No entanto, a vida havia sido generosa e, em seus múltiplos caminhos, reaproximara-os.

Agnes estava recostada na cabeceira da cama. Foi um dia exaustivo, mas conseguira desempenhar todos os seus compromissos profissionais.

Hélio aproximou-se devagar, sentou-se ao lado dela e, trazendo-a para perto do seu peito, disse-lhe:

– Ela já não está mais febril, já respira melhor, parece mais aliviada, a nossa menina!

Sua amada beijou-o enternecida. Como era bom ouvi-lo se referir a Ângela, que não era sua filha consanguínea, com tanto afeto. Entendia que, de fato, "não são os da consanguinidade os verdadeiros laços de família e sim os da simpatia e da comunhão de ideias, os quais prendem os espíritos antes, durante e depois de suas encarnações",[1] conforme ela releu há pouco no capítulo XIX, item 8, de *O Evangelho segundo o espiritismo*, de Allan Kardec. Estava, agora, abraçada a alguém a quem amou e continuava a amar intensamente e com ele construiria uma família baseada nesse sentimento tão bonito e poderoso, que une verdadeiramente as pessoas.

No dia seguinte, Hélio foi procurar seu primo, Osmar, na revenda de automóveis. Gostaria muito de ter o endereço de Abel para conversar com ele e mostrar-se agradecido, dispor-se mesmo a ajudá-lo no que fosse preciso, em reconhecimento ao caridoso serviço prestado pelo médium.

O dono da revenda lembrou-se de que havia sido procurado por ele, não tinha seu endereço. Pensaram os dois em ir até o centro espírita onde sabiam que ele estava atendendo e combinaram data e hora para ir até lá.

Dois dias depois, víamos Hélio e Osmar entrarem no local onde Abel desenvolvia seu trabalho na psicografia. Ao perguntarem por ele, foram informados de que estava hospitalizado e seu estado de saúde não era dos melhores.

De fato, uma crise respiratória aguda debilitara ainda mais o organismo já enfraquecido de Abel Aires, exigindo a internação.

Após obterem o nome do hospital e o número do quarto, foram visitá-lo no dia seguinte.

Abel estava medicado, com ar prostrado, descansava em uma poltrona. Uma amiga o acompanhava. Estampou largo sorriso ao identificar o amigo Osmar e seu primo Hélio. Este último aproximou-se afetuosamente, pondo a mão no ombro do paciente, e disse, com olhar emocionado:

– O que me traz aqui é a gratidão, Abel! Gratidão e reconhecimento pelas mensagens de Henrique que, por seu intermédio, vieram trazer-nos, mais uma vez, a sua palavra. Não posso descrever minha emoção e a de Anne...

Hélio silenciou. As palavras lhe faltaram ao ver que Abel, contrito, baixou a cabeça e fechou os olhos ao escutá-lo. Parecia estar orando.

Os dois primos, agora sentados um ao lado do outro, aguardavam que Abel se refizesse da emoção que o envolvia naquele precioso instante. Depois de alguns minutos, o paciente ergueu os olhos e tomou a palavra:

– Você fala que não consegue descrever sua emoção, Hélio. Eu também não consigo. Talvez porque emoções não devam ser descritas, devem ser vividas. Há pouco recebi a visita de uma jovem que estava inconformada com a desencarnação da irmã e recebeu uma carta dela na reunião no centro. Ela também veio me agradecer.

Após uma pausa, ele continuou:

– Eu olho para este meu estado e ainda sou capaz de agradecer. Era isso que eu fazia. Agradecia ao Criador por não ter desistido de mim, apesar dos meus graves erros, apesar de ter enganado tantas pessoas que depositaram sua confiança em mim. Quantos afetos deixei para trás para atender a minha ambição, quanta vaidade! Agora, olho para o que restou deste corpo magro e sem forças, sem muitas energias para continuar... e penso que, pelo menos nos últimos anos, restituí um pouco de dignidade a minha vida!

Um acesso de tosse interrompeu a conversa por alguns instantes. Quando pôde prosseguir, ele rematou:

– Por isso, se tiver alguém agradecido aqui, essa pessoa sou eu, e não você, Hélio. Agradeço por sua generosidade em vir até mim, por trazer seu reconhecimento, sua amizade, sua assistência. Nosso bom Augusto deve estar muito feliz por saber que o filho e o sobrinho seguem a mesma conduta solidária e fraterna que ele exemplificou.

A simples menção ao saudoso pai e tio deixaram os visitantes emocionados.

– Tantas vezes eu, rapaz desajustado e presunçoso, ignorei seus conselhos tão sensatos! Paguei um preço muito caro. Mas tenho a felicidade de saber que, ao menos, pude contribuir um pouco para diminuir a dor das famílias enlutadas com o pouco que me restou da prodigiosa mediunidade que eu empreguei tão mal.

O enfermo calou-se novamente. Osmar, tentando animá-lo, declarou com veemência:

– Meu pai, por certo, não gostaria de vê-lo recriminar-se assim, tão penosamente, Abel. Fui um dos seus incentivadores, fiquei sabendo das suas dificuldades em recomeçar, mas o fez de maneira muito digna, mostrando a todos que ninguém está a salvo de enganos, que mesmo dentro de um centro espírita, amparados pelo conhecimento que devemos ter, muitas vezes somos seduzidos por ideias infelizes, conduzidos pela vaidade e pela ambição e que não é lícito apedrejarmos uns aos outros, porque todos estão sujeitos a falhar gravemente. O que nos distingue é a nossa escolha em permanecer ou não no caminho equivocado. E você teve a coragem de se corrigir a tempo, quando muitos não o fazem.

Hélio viu a firmeza com que Osmar se dirigiu ao combalido Abel e, por um instante, teve a impressão de estar diante do saudoso tio Augusto, que tinha aquela forma contundente e imperiosa de falar, expondo sempre suas ideias lúcidas e tirando as pessoas da inércia e apatia na qual pudessem se encontrar.

Quantas vezes ele ouviu do tio: "a autopiedade não nos serve para nada. Apenas entorpece nossas forças e anula nossas tentativas. A vida é um convite permanente ao reerguimento e ao progresso e não podemos estacionar, sob pena de perdermos excelentes oportunidades".

Sem dúvida, tanto ele quanto o primo foram agraciados pela vida por terem convivido com pessoa de sentimentos tão nobres como Augusto. Muito tempo depois de sua desencarnação, ainda era lembrado com extremo carinho.

Despediram-se do enfermo, estimando-lhe as melhoras no estado geral. Abel sabia, entretanto, que não se demoraria muito no plano terreno. Seu tempo se esgotava. No entanto, felicitava-se intimamente pelo resultado de seu trabalho e isto servia para amenizar as dores pelas quais tivesse que passar.

17

Vítor e Viviana caminhavam por uma bela alameda, de mãos dadas. O relacionamento deles firmava-se depois da instabilidade inicial. Encontraram, um no outro, um afeto seguro, e seguiam unidos.

Conversavam agora sobre a chegada de Kurz, um amigo da família há muitos anos. O holandês viera ao Brasil para visitá-los e pretendia permanecer por dez dias. Porém, foi aumentando sua estadia e ficou pelo dobro do tempo previsto.

Vítor apreciou muito conhecê-lo. Ele era, de fato, uma companhia prazerosa, de agradável convivência. Fizera muitas viagens velejando com Vicente e ambos tinham muitas histórias para contar dos lugares que conheceram.

Kurz havia morado no Brasil em sua juventude, trabalhava na mesma empresa que Vicente. Era ainda bem jovem naquela época e conheceu Viviana e Silvana, filhas de seu amigo, quando ainda eram crianças. Depois de alguns anos, regressou ao seu país de origem e, vez ou outra, recebia a visita de Vicente e sua família; noutras vezes, vinha visitá-los.

Amava sua cidade natal, a bela Amsterdã. Porém, algo parecia retardar sua partida. Algo o prendia ao Brasil. Era esse o assunto entre o casal de namorados que passeava devagar, de mãos dadas, por entre a alameda:

– Silvana, só pode ser ela! – afirmou Vítor, com segurança.

– Eu também já percebi, por mais que ela tente disfarçar – concordou a interlocutora. – Não entendo porque ela parece esconder isso de si mesma. O que ela teme, afinal? Minha irmã sempre foi tão segura e decidida para tanta coisa na vida dela, mas no que toca ao sentimento... Sempre foi retraída!

Vítor pensava no que ouvia. Recordava de Silvana desde a sua meninice, em Campos do Jordão. A primogênita do casal Vicente e Estela estava sempre atenta ao que se passasse com a irmã mais nova, as brincadeiras em que ela se envolvia, em socorrê-la quando se machucava, em defendê-la dos mal-intencionados. Enfim, desde sempre foi muito zelosa com Viviana.

No entanto, passara a maior parte do tempo solitária, foram poucas as vezes em que se envolveu afetivamente com alguém. E seguia sua vida, dando prioridade à vida profissional, ramo no qual se destacava cada vez mais.

Porém, tanto Viviana quanto Vítor percebiam o quanto a presença de Kurz a afetava, mexia em algo profundo, recluso nela. E isso a incomodava. Não sabia como lidar com esse sentimento. Mas ele estava ali, muito presente.

E depois do breve silêncio, Vítor considerou:

– Ontem, no jantar, eu os observei... Há uma inegável atração entre eles, estão apaixonados!

Viviana soltou uma gargalhada:

– E mais estranho ainda é ver a reação do meu pai, sempre tão avançado, cabeça moderna... Ele está enciumado! Não sabe como lidar com o fato da filha e seu melhor amigo estarem apaixonados. Você notou isso também?

– Notei sim – respondeu Vítor, abraçando a namorada. – Nosso Vicente, ultra-avançado, está meio perdido com tudo isso, agindo como um pai tradicional. Para ele deve ser difícil saber que o amigo que acompanhou o crescimento das filhas está apaixonado por uma delas. A diferença de idade deles nem é tão grande, mas mesmo que fosse, não teria problema algum, penso eu...

– Eu imagino que o que mais preocupa os nossos pais é o fato de Silvana ir viver em outro país, caso o relacionamento evolua. Eles sempre nos incentivaram a buscar a realização de nossos projetos, mas agora que isso pode acontecer na prática, acaba por gerar alguma inquietação. Deve ser isso que acontece com eles. Eu tento entender a cabeça dos meus pais.

– A mim parece que sua mãe aceita melhor a ideia do que o seu pai. Logo ele, que sempre contou com a compreensão de vocês, todas as vezes em que precisou se ausentar, não sabe bem como se comportar ou agir em relação à filha. Mas não o recrimino. Deve ser mesmo difícil para um pai. Só vou entender quando eu passar por isso.

Vítor silenciou. A interlocutora ficou pensativa. Sabia da vontade dele de ser pai. Ele amava crianças, imaginava ser pai de dois ou três filhos.

Curiosamente, enquanto conversavam, a curta distância, identificaram um casal caminhando devagar conduzindo um carrinho de bebê. Vinham em sentido contrário. A jovem os reconheceu. Eram Áurea e Alberto, pais de seu ex-namorado, Ronie. A criança no carrinho deveria ser o neto deles. Viviana estava prestes a conhecer o filho de seu amor do passado nos surpreendentes caminhos da vida.

De sua parte, tanto Áurea quanto Alberto instintivamente diminuíram o passo ao reconhecê-la. Não sabiam ao certo se queriam aquele encontro. Foi a mãe de Ronie quem disse:

– Veja! É a Viviana... com um namorado! Ela se recuperou do acidente, graças a Deus!

Num gesto surpreendente, elas se dirigiram uma para a outra e se abraçaram. Alberto ficou sem saber ao certo como se comportar. Nunca mais a vira desde o acidente que vitimou sua filha. Ficou ao lado do carrinho, onde Bernardo, seu neto, dormia. Viviana e Áurea conversavam enquanto ele buscava a melhor forma de agir em relação ao inesperado encontro.

Ele apenas observava. Não sabia ao certo que sentimento Viviana lhe despertava. Há algum tempo, seu amor desvairado por Ronie, aquele ciúme exacerbado, fizera com que Érica saísse tarde da noite de Santos para São Paulo, para não mais voltar para a família. Ela desencarnou ali mesmo, na curva daquela estrada, depois de perder o controle do veículo. E, agora, via a amiga que a acompanhava naquela noite terrível, ao lado de outro rapaz que, por sua vez, também apenas observava, por certo, sem entender do que se tratava.

Vítor estava com traje esportivo, mas sua aparência bem cuidada denotava que ele era da mesma classe social da namorada. E Áurea, por tanto tempo acalentando sonhos de que Ronie pudesse frequentar as altas rodas, casado com ela, iludiu-se, apenas. "Gente rica acaba mesmo se relacionando com os do mesmo meio e isso é tão velho quanto o mundo", dizia ela para si mesma.

Ao mesmo tempo, Alberto, em suas conjeturas, recordava a cunhada Dulcina que sempre lembrava sobre o quanto a vida é dinâmica e se reconstrói a cada dia. Diante dele, a história de três jovens: Viviana, que passara pela privação do movimento dos membros inferiores, reencontrando novas possibilidades de ser feliz ao lado de outro jovem; Ronie, agora vivendo com Daniela e pai do lindo bebê que acordava no carrinho; a lembrança de sua querida Érica, que se transferira de plano porque chegara o momento, conforme as palavras que ela mesma usou na carta psicografada, que ele leu tomado de emoção.

Tudo isso o fez pensar no quanto a vida era dinâmica mesmo e perde quem quiser ficar estagnado, sem se permitir novas experiências e aprender com novas realidades.

Ao concluir isso, esboçou um leve sorriso quando cumprimentou Viviana e apresentou-lhe o rechonchudo bebê, seu neto.

Bernardo sorriu ao ser saudado com alegria por Viviana. Tinha, inquestionavelmente, os traços do pai. Ela segurava o bebê no colo, emocionada.

Só então Vítor aproximou-se também e foi apresentado aos pais de Ronie. Via a expressão de felicidade da namorada com o pequeno Bernardo no colo. Todavia, não se demorariam muito. Logo, Áurea e Alberto seguiriam seu passeio com o neto. Ficariam apenas mais alguns dias em São Paulo e depois retornariam para Goiânia. A vinda daquela criança, podia-se facilmente perceber, enchera novamente a existência dos dois de alegria e esperança.

Viviana seguiu ao lado de Vítor, mal acreditando no que acontecera. Havia conhecido o filhinho de Ronie, fruto do amor dele por Daniela. Não se arrependia de nada do que vivera com ele no passado. No entanto, agora tinha outro olhar sobre os fatos. Aquela relação não tinha mesmo como ser duradoura. Era unilateral e o amor tem que ser recíproco para trazer realização e bem-estar a ambos. Hoje, reconhecia o quanto o filho de Alberto havia sido coerente ao voltar para a mulher que amava verdadeiramente, ainda que isso significasse destruir as ilusões de afeto que ela criara para si mesma. Foi sofrido e ela não esqueceria o quanto. No entanto, liberou-a para que vivesse outro tipo de relacionamento com Vítor. Com isso, Ronie fez um bem maior, ainda que sua atitude tivesse causado dor e sofrimento no início.

A ex-namorada já não o via há muito tempo. Ter o filho dele nos braços foi uma emoção e tanto. "A vida a renovar-se", pensava ela.

Seguiu seu passeio ainda mais animada, abraçada a Vitor, seu novo companheiro de caminhada, em direção ao apartamento.

* * *

No apartamento, em seu quarto, Silvana trabalhava no projeto de um cliente, desenvolvendo cálculos.

Procurava concentrar-se, estar atenta aos detalhes, mas o pensamento, por vezes, se distanciava. A jovem engenheira saía-se bem na profissão, impondo sua marca de arrojo, bom gosto e competência em todos os projetos sob sua execução.

Todavia, aquele estava sendo um desafio para ela. Procurava adaptar o projeto original às exigências um tanto excêntricas de seu cliente. Porém, acreditava estar perto de encontrar a solução.

Vez ou outra, Kurz assomava em seu pensamento. Silvana, sempre muito prática e racional em tudo na vida, nunca fora pessoa de se deixar arrastar por paixões. Queria muito entender o que se passava com ela, o que era aquela intensidade de sentimentos que a sacudiam e a enlaçavam ao amigo de seu pai.

O colega e amigo de Vicente vivera muitos anos no Brasil e amava o país. Apreciava muito a diversidade de paisagens e a riqueza cultural que encontrava aqui, mas não pensava em voltar a residir em terras brasileiras. Planejava continuar vivendo na bela Amsterdã e queria incluir Silvana em seus planos futuros.

A cidade sempre a atraiu muito, com seus canais e bela arquitetura. "A Holanda também é um país encantador", avaliava ela. Porém, transferir-se para lá definitivamente era algo que não fazia parte de suas cogitações.

Afastar-se da família! Sim, aquela família na qual, por tantas vezes, sentira-se como uma estranha, um ser à parte... Ainda assim, era algo impensável para a primogênita de Vicente e Estela. Mesmo com todas as divergências de gostos e opiniões que por vezes surgiam, não imaginava a vida longe da irmã e dos pais.

Entretanto, isso exigia abrir mão daquele sentimento intenso que Kurz despertava nela. Nele, identificava qualidades que não encontrava em outras pessoas de seu convívio. Admirava sua maturidade, segurança, confiança e tranquilidade com que vencia os desafios da vida. Com ele tinha muitas afinidades. Vê-lo partir, mais uma vez, trazia-lhe uma inquietude tão grande que ela procurava esconder de si mesma tal sentimento. E, assim, voltava aos complicados cálculos em sua prancheta. Parecia mais seguro não se ocupar com um sentimento com o qual não sabia lidar.

Tão envolvida estava com sua atividade que demorou a perceber que Kurz estava à porta, a observá-la em silêncio. Mesmo depois de ter notado sua presença, continuou com a cabeça baixa. Evitava mirá-lo. Queria que ele pensasse que ela não o estava vendo e saísse dali. Estava confusa, não sabia o que dizer, mesmo sabendo que uma resposta sua era aguardada. E seguia com os olhos voltados para os cálculos. Era um mundo racional, terreno conhecido e seguro, muito diferente do mundo incompreensível dos sentimentos, no qual ela já não se movimentava tão bem.

Por sua vez, o visitante viera despedir-se; porém, as palavras não saíam. Apenas observava a bela e competente engenheira concentrada em seus afazeres. Como a amava! Como estimaria viver com ela pelo resto de seus dias e como estava sendo difícil se despedir!

Todavia, era um momento decisivo. Em breve, seguiria para o aeroporto. Não sabia ainda quando retornaria. Sabia apenas que deixaria para trás a mulher que amava e por quem era amado, sem saber ainda se ela iria ou não ao seu encontro.

O holandês já ia fazendo menção de retirar-se quando ela o chamou. Silvana deixou de lado a prancheta, o projeto e os cálculos. Caminhou até ele e o beijou apaixonadamente! Decidira-se, por fim! Em alguns meses, iria ao encontro de Kurz em Amsterdã, onde construiriam uma vida feliz juntos, numa ligação marcada pelo mais intenso afeto!

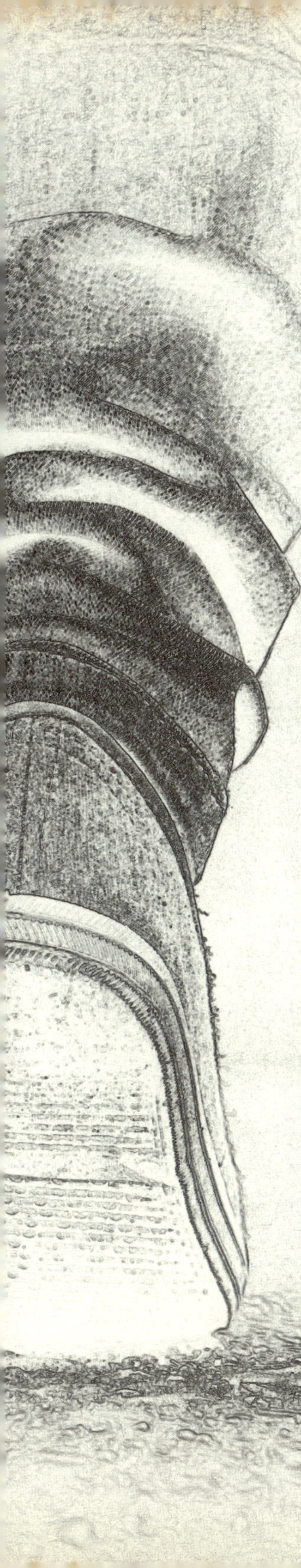

18

– Uma união feliz! É isso que o holandês pretende com a nossa filha! – exclamava Vicente a Estela, enquanto dirigia rumo a Campos do Jordão.

A esposa pacientemente o escutava. Admirava-se pela dificuldade com que Vicente – sempre tão adepto das mudanças e renovações, sempre tão à frente do seu tempo – estava tendo em lidar com a decisão de Silvana.

Prosseguia ele com sua indignação:

– União feliz... longe de nós... vivendo em Amsterdã, em outro país? Será isso possível?

Estela resolveu interrompê-lo em seus resmungos e inquietações.

– Lembre-se de que o ‘holandês’ não é nenhum estranho; pelo contrário, nós o conhecemos há muito tempo, sabemos de seu caráter e de sua boa índole! Por que o incomoda tanto vir a ser sogro do seu amigo? Por vezes, chego a olhar para ver se estou mesmo falando com você. Não pode ser você com esse pensamento tão oposto ao que sempre defendeu a vida inteira.

Sem dúvida, Estela sabia como expor seu ponto de vista com objetividade. Não estava cobrando atitudes do esposo, mas a reação dele a surpreendia. Afinal, liberdade sempre havia sido a palavra de ordem na vida de Vicente. Respeito a sua liberdade de estar onde bem quisesse; respeito à liberdade de escolha de quem estivesse com ele. Todavia, a opção da filha em ir viver ao lado de Kurz em outro continente o deixava incomodado, sem saber como agir. Por vezes, Estela imaginava que até ele estivesse surpreso com a própria reação.

O pai não estava tentando modificar a escolha da filha. Sabia o quanto Silvana era firme e decidida, ao contrário da irmã, por vezes ainda inconstante. Por mais que estivesse consciente do quanto sua vida se transformaria a partir do momento em que resolvesse sair do Brasil, ela demonstrava estar certa de que realmente queria isso para si. Dera-se conta, ainda a tempo, de que seu lugar era ao lado de Kurz, estivesse ele onde estivesse.

Ao longo de toda a sua vida, ela dedicara-se à família e seus pais sabiam disso. Consideravam essa realidade antes de julgar suas ações. No entanto, ambos lamentavam o fato de que, para vê-la feliz junto ao seu amor, deveriam passar pela prova da separação.

Vicente dirigiu mais alguns instantes, calado. Sua cabeça estava muito confusa. Despedira-se, dias antes, do amigo. Levara-o ao aeroporto já sabendo que, em breve, despedir-se-ia da filha, também. "Ser sogro de Kurz, veja só", dizia para si mesmo. "A vida e suas surpresas". E procurava encontrar um lugar em sua mente para acomodar a nova situação.

Havia muitas chances de Silvana, competente engenheira, desempenhar muito bem suas atividades no novo país. Quanto a isso, Vicente não se preocupava. Admirava-se com a intensidade daquele sentimento que surgira entre os dois de forma tão arrebatadora e afligia-se com a possibilidade de estarem sendo precipitados e virem a se arrepender mais tarde. E foi essa a inquietação que ele expôs a Estela, quando já se aproximavam do destino. Ela, então, rebateu:

– Querido, estamos falando de Silvana e Kurz, duas pessoas racionais, lúcidas e sensatas. Se fosse a Vivi, eu estaria mais preocupada porque ela sempre se deixou guiar por impulsos, sempre foi mais passional. Nossa amada sabe o que faz e estará ao lado de um homem que a ama de verdade, ou não abriria espaço para ela em sua vida, a esta altura de sua maturidade. A meu ver, de modo algum se trata de uma aventura passageira. Eles estão seguros do que estão fazendo e terão, sim, uma união feliz, como o amigo lhe disse!

Vicente estava impressionado com a tranquilidade de Estela. Ao menos aparentemente, lidava bem com a novidade. A seu ver, frustrada a filha ficaria se abrisse mão de tentar ser feliz ao lado do 'holandês'. Sabia que não mais contaria com a presença amiga dela, sempre com suas atitudes práticas, muito resoluta em seu modo de ser. Mas não era hora de pensar em seu bem estar, e sim em ver a primogênita alçar voos para a conquista de seu progresso.

Não demoraram muito a chegar à fazenda. Estela saiu do carro alegre, respirando a longos haustos! Como era bom estar naquele lugar amado, onde crescera, onde conhecera Vicente e com ele insistira em ficar, mesmo quando muitos diziam que era uma união improvável! Ali estavam os dois, vencendo os desafios da vida, com muito amor e respeito mútuos. Subiu as escadas que conduziam ao interior da residência abraçada ao marido, seu grande amor!

* * *

Já fazia quase um ano que Viviana se reunia semanalmente com o grupo de apoio a vítimas de acidentes. Eram muitas experiências semelhantes à que ela vivenciou, casos ainda mais graves.

Aquele dia, em especial, havia sido festivo. Uma das atendidas comemorava com o grupo e alguns familiares mais um ano de vida. Viviana levara seu violão e todos comemoraram com muita animação. Para Greice, a aniversariante, eram muitos os motivos para comemorar. Havia estado por muito tempo entre a vida e a morte. Apesar de depender agora de uma cadeira de rodas, tinha esperanças de progredir. Saíra viva do acidente que quase fora fatal, estava ali com amigos e familiares, brindava a vida e o amor que a haviam feito ressurgir de experiência tão ameaçadora. Greice mostrava a todos a sua determinação em algo poder fazer de bem por si mesma e pelos que a acompanhavam. Tinha uma voz linda e, ao lado de Viviana, apresentaram belas canções.

Por essa razão, ao fim da festa, Viviana saíra com o coração leve, estava muito feliz com a comemoração! O resultado havia sido bem melhor do que esperava.

Carregando seu violão, já ia se encaminhando para a porta de saída quando encontrou Jussara, que também fazia parte do grupo. Só então se deu conta de que ela também estava na festa, mas permaneceu afastada de todos. Em alguns momentos, parecia visivelmente contrariada com tudo aquilo. E, naquele instante, quando talvez estivesse à espera de alguém para vir buscá-la, sua fisionomia continuava fechada, expressando profundo mau humor e desagrado.

Viviana ia acenar de longe e seguir sua caminhada. No entanto, decidiu se aproximar e ir conversar com ela. Das pacientes em atendimento, Jussara sempre pareceu a mais arredia.

Fazia poucos meses que participava do grupo de apoio, atendido por uma equipe multidisciplinar. Sua história era conhecida. Jussara havia se acidentado quando procurava fugir, juntamente com o filhinho de cinco anos, do marido agressor que os maltratava. Em uma noite, desesperada, partiu com o veículo em alta velocidade, na tentativa de escapar da perseguição do esposo. Infelizmente, perdeu o controle do veículo e saiu da estrada. O filhinho amado não resistiu aos ferimentos e ela acabou perdendo o movimento dos membros inferiores.

A cadeirante olhava impacientemente para o relógio quando Viviana se aproximou com a cordialidade habitual:

– Jussara – disse ela com simpatia –, está tudo bem com você? Notei que estava na festa, mas pareceu não estar muito à vontade...

Ela cortou a frase secamente:

– Gostar? Ora, não sejamos hipócritas, Viviana! Quem vai gostar e querer comemorar por estar numa situação destas, tendo que conviver com limitações dolorosas e depender dos outros... Veja você, em outros tempos eu já estaria em casa... Agora, preciso esperar que alguma 'alma generosa' venha me buscar e fará isso quando puder. Eu que espere...

Viviana ofereceu-se para levá-la em casa. Só então Jussara percebeu o quanto havia sido ríspida e comentou:

– Não me leve a mal... Estou muito irritada, sim. Você está querendo ser gentil, como sempre! Vou aceitar sua ajuda! Vou avisar minha amiga que não precisa vir mais e irei com você!

Ao longo do trajeto, Viviana percebeu que Jussara preferia ficar em silêncio e respeitou. Em dado momento, porém, enquanto esperavam abrir o sinal, um carro parou ao lado delas. Dentro dele, duas crianças, no banco de trás, riam e cantavam, acompanhadas por uma jovem.

Jussara observava. Visível abatimento a dominou. Inesperadamente, ela caiu num pranto intenso. A motorista achou melhor estacionar e esperar que ela se acalmasse. Compreendeu o que se passava. Certamente, a cena das crianças a fez lembrar o filhinho querido que pereceu no acidente infeliz.

Depois de alguns minutos, enxugando as lágrimas, Jussara deu vazão ao terrível sentimento que a dominara:

– Quantas vezes me perguntei porque eu não morri naquele dia. Por que minha vida não se acabou naquela noite junto com a dele? Por que tive que ficar nesta vida triste, tão amargurada, por quê? Meu filho não tinha culpa de nada e foi vítima de um relacionamento que já começou mal. Pedro sempre foi um homem abusivo, nunca me enganou. Eu que me iludi com a esperança de que meu amor pudesse modificá-lo. E veja só o quanto paguei pelo meu engano! Aos poucos ele foi se mostrando um verdadeiro monstro e eu permitindo. Já era tarde demais quando busquei reagir. E isso custou a vida do meu filhinho! Quanta saudade dele! Saudade sem fim!

Podia-se perceber facilmente a imensa carga de culpa que aquela mãe carregava consigo e poderia carregar ainda por toda a vida! O que dizer em uma situação dessas? Viviana perguntava a si mesma se seria capaz de encontrar as palavras que pudessem confortar aquele coração tão sofrido. No seu entender, Jussara havia sido tão vítima quanto o pequeno Pedro do descontrole e do autoritarismo de um homem abusivo, como ela mesma definiu. Ainda assim, carreava para si toda culpa por não ter controlado o veículo numa curva, desesperada, acuada pela perseguição do marido ensandecido.

Conhecera, ao longo da vida, histórias tristes como aquela. Relacionamentos abusivos, onde o amor não toma parte, mas são mantidos por outros interesses em jogo ou, até mesmo, tão somente medo da solidão. Sabia de muitas uniões malsucedidas, mas ainda assim mantidas por necessidade de parecerem reais. Ela mesma quase havia caído nessa cilada. Compreendia claramente agora que se houvesse insistido em permanecer com Ronie, conforme foi sua vontade por tanto tempo, teria encontrado o caminho da infelicidade conjugal.

Olhava para a amiga, agora mais calma, e ainda buscava as palavras. Por tanto tempo ela mesma havia se deixado aprisionar pelo terrível sentimento de culpa em relação ao desenlace carnal da amiga Érica. Jamais esqueceria o dia feliz em que Dudu foi a portadora da mensagem psicografada, tão consoladora, que finalmente trouxe paz ao seu coração.

"E Dudu?" – perguntava Viviana a si mesma. – "Por onde andaria? Há tanto tempo não sabia notícias da doce doceira! Por certo" – presumiu, em diálogo consigo mesma –, "se ela ali estivesse, saberia bem melhor como se dirigir à mãe sofrida, o que dizer a ela".

Em dado momento, Jussara pediu:

– Viviana, vamos seguir, quero chegar logo em casa!

– Gostaria de ter certeza de que você ficou bem, apenas por isso estou esperando.

– Bem? Eu tenho a impressão de que nunca mais ficarei bem... Não enquanto ele não for punido, Viviana! Ele descumpriu a ordem judicial que o impedia de se aproximar de nós e causou essa tragédia! Infelizmente, tem muito dinheiro e influência para se manter em lugar seguro por muito tempo. Enquanto isso, eu fico aqui, vivendo esse pesadelo! Como posso "ficar bem"?

O olhar de profunda angústia denotava ainda mais pesar do que as palavras. Jussara era uma mulher bonita, bem cuidada, elegante. Sabe-se que havia desfrutado de uma vida confortável a maior parte do tempo, até aquele infortúnio abater-se sobre ela. E pesava mais ainda por ela não manifestar nenhuma esperança na justiça, num porvir melhor para o filhinho amado. Em seu entendimento, tudo se acabara naquele fatídico acidente: o casamento, sua saúde, a vida de Pedrinho.

A motorista tomou o rumo de bairro elegante da capital. Passava por casas formosas, bem arrumadas, com gosto refinado. Estacionou à frente da bem cuidada residência de Jussara e logo uma serviçal veio ao encontro para ajudar a patroa a sair do carro.

– Vivi, deixe-me abraçá-la! Você fez muito mais do que me oferecer uma carona! Soube me ouvir com carinho e isso me ajudou muito! Estou passando por momentos terríveis! Se você tivesse me conhecido em outros tempos, talvez nem dissesse se tratar da mesma pessoa! Você faz um belo trabalho tentando infundir em nós a mesma coragem que teve na sua recuperação. Deve estranhar muito as nossas reações...

– Não os julgo, querida, absolutamente não os julgo, nem os comparo! – respondeu a jovem, com segurança. – Uma das primeiras coisas que aprendi com a equipe foi a respeitar o sofrimento e o modo de reagir de cada um. Eu mesma demorei muito a dimensionar corretamente o efeito do acidente em minha vida e não foram poucas as vezes em que maldizia tudo, sentindo-me incapaz de algo fazer de bom por mim e pelos outros. No entanto, a vida me deu nova oportunidade e eu apenas tento aproveitá-la. Não espero servir de exemplo para ninguém, estou muito longe disso. Apenas fico feliz por compartilhar com vocês um pouco do que aprendi e gostaria muito que você acreditasse que não é o fim... Dias melhores virão para você, também.

As duas se abraçaram com ternura. Dali em diante passariam a conversar mais, combinaram entre si. Viviana viu Jussara entrar acompanhada pela serviçal. Retornou para casa passando pelas belas residências ajardinadas e recordando que nem sempre riqueza e fartura são sinônimos de felicidade!

19

Tão logo chegou ao apartamento, Viviana telefonou para sua querida amiga de quem há tanto tempo não tinha notícias: Dulcina.

Ficou sabendo que em breve poderia revê-la, já que a senhora estava programando sua vinda a São Paulo para visitar Ronie e sua família. Ela exultou com a notícia, muito estimaria rever sua grande amiga, aquela que soube impulsioná-la para melhores realizações.

Dulcina, tia de seu ex-namorado, sempre seria considerada uma figura importante em suas relações de amizade, por breve que tivesse sido seu convívio com ela. Foi a estimada doceira que, ao conversar com a cadeirante e ouvi-la com paciência, fê-la acreditar, inclusive, na possibilidade de novos relacionamentos afetivos em sua vida, numa época em que ela desacreditava completamente que isso pudesse acontecer, visto que as marcas deixadas pela brusca ruptura com Ronie eram ainda muito profundas.

No entanto, o que se achava na época irremediavelmente perdido, mostrava-se agora de outra maneira, tal como costuma acontecer em nossa existência.

O relacionamento com Vítor ressurgia em sua vida, de maneira inesperada. Era um afeto mais seguro do que se poderia supor. Não mais aquele ciúme doentio e perturbador, não mais as incertezas a rondá-la. Era uma relação que se baseava no respeito mútuo, em que ambos evitavam cometer erros já conhecidos. E a ligação fortalecia-se no mais autêntico afeto.

Dulcina também ficou feliz ao saber dos caminhos mais tranquilos que Viviana tomara em sua vida afetiva. Sabia que o mesmo acontecia com Ronie, que construía uma união bem-sucedida ao lado de Daniela e do filhinho Bernardo.

Ao fim da conversa, uma grande sensação de alegria tomou conta das duas amigas, separadas por muitos quilômetros de distância, mas unidas pelos laços do afeto verdadeiro que sabe vencer todas as barreiras.

Viviana felizmente saíra da imobilidade. Temia ser sua vítima pelo resto de seus dias, felizmente assim não foi. Sabia que não seria o caso de muitos dos pacientes com quem convivia no grupo de apoio, muitos deles com lesões irreversíveis. Ainda assim, encontravam ali, naquele convívio, a força necessária para lidar com as próprias limitações, contando, para isso, com a cooperação de competentes profissionais da área da Saúde.

Vivi auxiliava com sua experiência, sua música, sua alegria e espontaneidade. Agradecia pelo convite de Jonas, seu fisioterapeuta, um dos coordenadores do grupo.

No fim da noite, antes de adormecer, sempre cada um deles recebia suas orações. Naquele momento, em especial, seu pensamento voltava-se para Jussara. Condoía-se ao vê-la naquele estado de profundo abatimento, porém ao mesmo tempo entendia o que se passava com ela por ter passado por experiência semelhante.

Talvez, se não tivesse recebido o apoio dos familiares e amigos, também não teria conseguido sair do estado sombrio em que mergulhara em muitos momentos. Foi uma travessia bem difícil e cheia de percalços, a que se passou desde o dia do acidente até o dia feliz em que conseguiu dar os primeiros passos novamente.

Jamais esqueceria a fisionomia de Vicente, ao seu lado, a estampar um largo sorriso! A família, sem dúvida, teve papel decisivo: Silvana, com sua conhecida firmeza em não deixá-la esmorecer, a mãe, com sua ilimitada paciência e amor ao saber lidar com os momentos difíceis da filha, e o pai, sempre fazendo com que ela se libertasse das amarras do passado e lançasse o olhar para o futuro, preparando-se para melhores realizações. Dizia-lhe repetidas vezes, em sua linguagem de navegador experiente: “Não fique ancorada no sofrimento... ele não é um porto seguro!”.

Cada um à sua maneira ofereceu sua colaboração para reerguê-la moral e fisicamente. O mesmo não acontecia com muitos dos participantes do grupo, inclusive Jussara que, vez ou outra, recebia a visita de algum parente distante e contava com auxílio de profissionais e alguns amigos.

Por isso, orava muito por ela, para que tivesse forças para lidar com seus dramas íntimos e com a pesada provação que enfrentava. Estimaria muito poder continuar ajudando de alguma maneira e pedia a Deus que a orientasse sobre a melhor maneira a proceder.

Em suas preces também voltava o pensamento aos amados Silvana e Kurz. O afastamento da irmã era iminente, decisão tomada e já com providências práticas para se transferir para outro país. Ou seja, em breve tempo, sua companheira de brincadeiras e alegrias estaria vivendo na Holanda com o seu amado. Uma transformação profunda na vida de ambas, mas que haveria de ser bem-sucedida.

Curiosamente, chegara a sua vez de levar ao pai a sua palavra amiga. Notara um desapontamento inicial em Vicente, como todos de seu convívio. Surpreendera-se com sua reação de pai enciumado, mas não muito. Enquanto tantos o criticavam por reagir mal ao afastamento da filha mais velha, afirmando que ele, reiteradas vezes, apartava-se da família em suas longas viagens sem ver nisso nada de inconveniente, Viviana evitava julgá-lo. Eram as contradições de um coração paterno e isto deveria ser respeitado, também. Ela sabia que, com o tempo, ele reagiria melhor à ideia o que, de fato, já estava acontecendo. Precisava, apenas, de um tempo maior para se acostumar a essa mudança.

Enfim, a vida é sempre dinâmica e muitas vezes coloca reticências onde insistimos em ver um ponto final. Assim sendo, experiências recomeçam, reconstroem-se; sentimentos ressurgem, transformam-se, obedecendo ao fluxo incessante do progresso em nossas existências. Por isso, devemos estar atentos, evitando a rigidez de pensamento e mantendo flexibilidade em nossas ações, pois muitas vezes as situações não são tão definitivas e imutáveis como costumamos supor.

Em sua prece, Viviana encerrou agradecendo ao Pai Criador pela maravilha de viver, continuamente aprender e servir. Serenamente, adormeceu.

* * *

No dia seguinte, enquanto fazia o desjejum, Hélio lia o jornal. Seria um fim de semana daqueles em que se reuniria com a irmã Leona e sua filha, Martina. Ambas haviam chegado, no dia anterior, de Brasília. Iriam todos se reunir na casa de Osmar.

O primo, na realidade, era praticamente um irmão para eles; haviam crescido juntos, reencontrar-se era sempre uma alegria.

Agnes terminava de arrumar Ângela para o passeio. Ao retornar à sala, encontrou Hélio lendo o jornal com uma fisionomia triste. Logo veio a saber o motivo: no obituário constava a notícia do falecimento de Abel Aires, o controvertido médium pelo qual Hélio havia recebido a mensagem psicografada do filho, Henrique.

O empresário permanecia em silêncio. Lembrava-se da última vez em que o vira, já bastante debilitado, no hospital. Apesar de seus muitos deslizes, guardaria uma lembrança muito terna de Abel. Por seu intermédio confirmara-se, mais uma vez, a imortalidade da alma e a grandiosidade da vida, que não se extingue nunca. Mentalmente fez uma breve prece em benefício do médium que encerrava sua existência terrena.

O interfone tocou. Era Leona anunciando sua chegada. Logo saíram todos para a residência de Osmar, que os aguardava com a conhecida cordialidade e simpatia.

Também ele havia lido a mesma notícia no jornal e dirigido, ao recém-desencarnado, uma prece para auxiliá-lo no recomeço na vida espiritual. Comentou, então, com o primo visitante:

– Espero que ele tenha partido em boa companhia... Acredito que sim. Seus últimos dias na Terra foram dedicados a corrigir, pelo amor, o mal causado a outras tantas pessoas.

A essa altura, Leona se aproximou e interveio:

– Vocês falam do médium que recebeu a mensagem de Henrique? Hélio me mostrou. Eu não tenho dúvidas de sua autenticidade. Foi uma manifestação do meu sobrinho – concluiu ela.

– Sim, quanto a isso não tenho dúvidas – confirmou Hélio. – Anne e eu somos muito gratos a esse serviço amoroso prestado por Abel, assim como outras tantas famílias a quem ele retirou da tragédia do luto e da inconformidade. Passou a fazer um belo trabalho e se redimiu, por assim dizer, de suas faltas mais graves, acredito eu.

Em breve chegaria Flora, que há muito tempo trabalhava na revenda de automóveis, sendo praticamente da família. Aliás, não era segredo para os dois irmãos que isto já poderia ter-se efetivado na prática, não fosse a inexplicável resistência de Osmar em se unir a ela. Receava uma resposta negativa, por certo. Agnes também não entendia o modo dele agir. Havia sido tão astuto ao propor o encontro que a reaproximou definitivamente de Hélio e, no entanto, quando se tratava de resolver sua relação com Flora, era tão hesitante. Contradições de Osmar para as quais só ele mesmo poderia ter a resposta, ajuizavam todos.

Mais alguns dias passaram, após o agradável encontro com familiares, quando Hélio foi despertado, tarde da noite, por um telefonema de Martina, sua sobrinha. Osmar havia passado mal; felizmente, Leona estava com ele e o socorreu, levando-o imediatamente ao hospital. Estava, agora, sob observação. Exames indicaram que, se não tivesse sido socorrido a tempo, teria infartado.

Hélio foi ao encontro da irmã no hospital. Osmar já estava fora de perigo; no entanto, seu quadro ainda inspirava cuidados.

O coração e suas surpresas. O primo – consideravam os dois irmãos – nunca havia sido cuidadoso com a própria saúde. Empregava à vida um ritmo intenso de trabalho, vez ou outra alguma viagem ou atividade de lazer. O coração ressentia-se de maior atenção.

O fato servira para que ele ficasse mais atento, consideravam tanto Leona quanto Hélio. Não tardou também para que Flora aparecesse, assustada, apreensiva, ansiosa por informações. Outros amigos buscavam informações. Osmar era uma pessoa bastante estimada, com um vasto círculo de amizades, construído ao longo do tempo. Por vezes, porém, em certos momentos, parecia não dar muita importância a si mesmo e ao seu papel na vida das pessoas. E seguia despreocupadamente, como se fosse ter sempre todo o tempo do mundo para resolver seus assuntos, postergando-os indefinidamente, jogando para o amanhã o que poderia ser definido hoje.

Muitas pessoas cometem esses equívocos: ou prendem-se excessivamente às experiências do passado, ou jogam para o amanhã decisões que fazem parte do hoje. Tanto as preocupações com o passado quanto as expectativas sobre o futuro em muitos casos se tornam fonte de perturbação. Adiar decisões importantes pode ser um engano, porque nunca sabemos ao certo se o amanhã virá. Por isso, a urgência em darmos sentido útil ao nosso hoje, aproveitando bem as oportunidades, sem desperdiçar nossas preciosas horas com pensamentos que nos desgastam, nos afligem, perturbam nossa saúde. Ocupemo-nos com o que seja fonte de bem-estar para nós e para os outros hoje, agora. Tomemos nossas decisões com coragem, sem mais adiar o que não deve ser adiado, sem reviver e repisar episódios passados que não podem mais ser modificados.

Hélio observava Flora, sentada próximo dele, sorvendo um copo com água, buscando se acalmar. Ela era uma mulher bonita, de elegância discreta, presença sempre lúcida, firme e equilibrada na vida de Osmar. Havia muitos anos que trabalhavam juntos. Formavam uma boa parceria.

Estava ela ali, naquele momento, mais uma vez, pronta para agir no que fosse preciso. A iminência de perder Osmar deixara-a visivelmente alterada.

Flora mantinha-se em silêncio, como se dissesse baixinho para si mesma: "Ele vai ficar bem, ele vai ficar bem". Ao menos era essa a impressão que Hélio tinha ao observá-la e, por essa razão, também ele se mantinha em silêncio.

Lembrou-se de si mesmo e de sua experiência com Agnes. Se, há algum tempo atrás, alguém lhe tivesse dito que ele a reencontraria e teria ensejo de viver com sua ex-namorada outra vez, por certo ele desacreditaria, tomaria à conta de loucura, tão improvável parecia. No entanto, era exatamente o que vivia agora. Reaproximara-se dela, reconquistara seu afeto após passar um longo período da sua vida sem imaginar que tal possibilidade pudesse se concretizar. Agnes passara a fazer novamente parte de sua vida, após ter passado pela experiência da maternidade e da difícil provação da viuvez precoce. Ele novamente se reapresentara na vida dela, após passar pelo fim do matrimônio e pela desencarnação do filho. No entanto, se uniram, refizeram suas vidas baseados nos laços permanentes do amor e enfrentavam suas dificuldades, procurava educar Ângela da melhor maneira, oportunizando a ela crescer num lar equilibrado e feliz.

Leona teve a permissão para ir falar com Osmar, que despertara. Hélio aguardava sua vez. Flora dirigiu-se a ele:

– Acho melhor eu não entrar. Talvez não lhe faça bem me ver aqui.

– Tem certeza, Flora? Por que você diz isso? Por que pensa que sua presença o perturbaria? Posso dizer que você está aqui e ele decide. Não acha melhor?

Flora calou-se, mas seu olhar disse muita coisa. Referia-se ela a sentimentos difíceis de expressar, embora muito intensos. Não deixava de pensar na possibilidade de que Osmar adoecera do coração também pelas palavras não ditas e pelos sentimentos que se negava a viver. Sempre fora reticente em relação a ela. Por pouco, o coração não deixara de bater e ele partira desse mundo sem viver, com ela, o que de fato sentia há muito tempo.

Com um pouco de perspicácia, Hélio percebeu a que ela se referia. Optou por não estender a conversa, não naquele momento, em que ela ainda se apresentava fragilizada devido ao susto. Decidiu que entraria sem nada dizer. Flora seguiria aguardando.

Quando chegou sua vez, Hélio dirigiu-se pressuroso. Queria rever o primo querido.

Conversaram brevemente. Quando se despedia, o visitante ouviu um pedido especial:

– Hélio, quero ver a Flora... Preciso falar com ela.

O primo sorriu e disse:

– Ela está aqui, à sua espera.

O paciente esboçou um sorriso.

– Eu que sempre fui um tolo por não entender isso... Quanto tempo desperdiçado! Preciso ficar bem, vou me recuperar... Afinal, ela está à minha espera...

Hélio sorriu e saiu. Havia chegado a vez de Flora.

20

Na marina, Estela observava Vicente e seu ajudante na preparação do veleiro para mais uma viagem.

Era incrível ver a animação que ele sentia simplesmente por estar ali, na embarcação, companheira de tantas viagens! Era preciso atenção a vários detalhes para o bem da segurança de todos! O "agrônomo do mar" – como os amigos o chamavam – assobiava uma alegre canção enquanto se ocupava de um afazer e outro, procurando colocar tudo em ordem. Afinal, zarpariam nos próximos dias.

Estela sabia que em breve o 'perderia" para os mares novamente. Antes, porém, viajaria com ele e as filhas para Angra dos Reis, onde residiam alguns parentes. Seria a viagem de despedida de Silvana. Em algumas semanas, ela se transferiria para Amsterdã. Kurz viria buscá-la.

Enfim, novas perspectivas, novos rumos a tomar! E, naquela clara manhã ensolarada, sentindo no rosto uma suave brisa, Estela apenas se ocupava em auxiliar o marido na sua tarefa de arrumar o veleiro e desfrutava de sua companhia, sempre tão apreciada. Refletia ela que o passado não podia ser modificado, o amanhã era incerto e, por isso, desfrutava o momento presente junto ao seu amor e toda a alegria que ele transmitia por estar fazendo o que mais gostava!

Há pouco soubera, por meio de Agnes, que Osmar havia saído do hospital e passava bem. Haveria de ser mais cuidadoso com a própria saúde. Dissera ele ter visto a morte de perto, tão intenso foi o mal-estar que sentira. Experiências necessárias para modificar certas disposições, pensavam alguns de seus amigos.

Haviam programado de fazer um breve trajeto e retornar naquele dia mesmo, mas Estela, observando a animação de Vicente, já desconfiava de que ele havia mudado de planos.

E a esposa não se enganou! Terminados os ajustes necessários, partiram os dois, aproveitando as condições ideais para a navegação que aquele dia proporcionava! Retornaram apenas na tarde seguinte, após desfrutarem de um maravilhoso passeio!

Já no apartamento, em São Paulo, Viviana observava a irmã separando algumas roupas e objetos pessoais. Iria se desfazer de muita coisa. Iniciaria uma vida nova, cheia de surpresas e desafios. Já tinha proposta de emprego, residência e oportunidade de prosseguir seus estudos no novo país.

Vivi, a irmã mais nova, observava o jeito metódico de Silvana arrumar os objetos. Sempre tivera uma disciplina férrea em tudo o que fizera. Estimava muito essa qualidade nela. Haveria de sentir muita falta de sua presença segura, sua lucidez, sua iniciativa e arrojo. Lançar-se-ia agora em uma nova etapa, dividindo experiências com outra pessoa, em lugar distante. Em sua opinião, era, sim, um ato de coragem! Perguntava a si mesma se ela, com toda sua impulsividade, se atreveria a uma experiência dessa natureza. Sempre buscara a autonomia em suas ações, julgava-se independente. Todavia, emocionalmente sempre fora bastante imatura e mostrava-se intimamente incapaz de viver longe da companhia de seus afetos.

Viviana já havia arrumado seus pertences para a viagem a Angra dos Reis junto à família. Fizera isto em poucos minutos. Separara algumas roupas e juntara numa mala. Silvana, não. Organizava cuidadosamente seus pertences, sua mala era um primor de organização, nos mínimos detalhes.

Em dado momento, voltou seu olhar para a irmã mais nova. Conhecia-a bem. Presumia o quanto seu mundo íntimo deveria estar povoado por dúvidas ao vê-la preparar-se para partir. Não seria mais uma breve ausência de alguns dias. Também não seria suficiente para um rompimento definitivo, isto era impensável. Silvana notava inquietação e desconforto no olhar que Vivi lhe dirigia. Nada falava, mas dizia muito só com a forma de olhar. A caçula e seu jeito de moleca travessa, querendo disfarçar um sentimento profundo, julgando que o conseguia.

Com descontração, mas também emocionada, Silvana afirmou, com a intenção de quebrar aquele incômodo silêncio:

– Se eu pudesse, a levaria junto comigo, você sabe!

Vivi sorriu e brincou:

– Eu? Não! Você não levaria esta irmã impulsiva, cheia de vontades e com uma cabeça complicada como a minha... É uma boa oportunidade de se livrar das minhas implicâncias, dos meus desajustes, das minhas confusões nas quais sempre acabei por arrastar você junto. Nunca combinei com esse seu jeito tão certinho e metódico de ser. Ainda assim, mesmo que um oceano nos separe, estarei torcendo pela sua felicidade junto a Kurz.

O telefone tocou e Vivi foi atender. "Ainda bem", pensou Silvana, suspirando aliviada. Nunca fora dada a expansões de afeto, no entanto, sentia que se a irmã mais nova continuasse falando daquele jeito, ela não iria conseguir conter a emoção. E afinal, para que contê-la? Estava numa fase feliz de sua vida, com perspectivas promissoras. Vivia a contingência de se afastar daquela família na qual, por tantas vezes, sentira-se mesmo como um membro estranho, alguém que se esforçava por compreender o modo de ser da mãe, do pai, da irmã, com comportamentos um tanto distantes daquilo que ela julgava como convenientes ou apropriados.

Tantas vezes sentira-se sozinha ao tomar decisões e imprimir rumos diferentes do que era desejado pelos outros. Agora estava na iminência de descobrir mais sobre si mesma. Adaptar-se-ia à nova cultura de um país tão diverso? Apreciou muito a Holanda das vezes em que lá esteve, todavia, morar no país e conviver com seus habitantes, leis e normas era algo bem diferente. Ainda assim, estava disposta a prosseguir. Antes disso, porém, a viagem a Angra dos Reis no veleiro, junto com a família, a aguardava. E seguiu pondo em ordem suas roupas, enquanto organizava também ideias e emoções!

* * *

Ainda na capital, dirigi-me, com o amigo Fernando, para o centro espírita onde Abel desenvolvera suas atividades.

Passados dois meses da desencarnação dele, era lembrado com muito carinho e respeito por aqueles que acompanharam seu trabalho. Dirigiam-lhe preces que muito o auxiliavam no recomeço na vida espiritual.

Naquela noite, na reunião mediúnica, um atendimento a ser realizado merecia nossa atenção. Cristina, a jovem com quem o médium se envolvera numa ligação malsucedida e que terminara por apelar para o suicídio ao julgar-se abandonada, seria conduzida ao contato com a médium. Seria um recurso precioso na sua recuperação.

Cristina revelava-se ainda bastante atormentada e arrependida pelo gesto que cometera ao abreviar sua existência, tomada pelo desespero! Em muitos momentos, fugira do socorro que lhe era oferecido por pensar que não era merecedora, por pensar que deveria sofrer eternamente – ensinamentos que são transmitidos pelas religiões e que acabam por dominar a mente das pessoas, mas que em nada condizem com a Misericórdia Divina.

Chegara, portanto, o momento em que se deixara acolher por entidades amigas, iniciando uma nova tomada de consciência, ainda que bastante afetada pelas cruéis impressões de deixar o corpo físico de forma precipitada e violenta.

Nesse sentido, o contato com as energias brandas da médium lhe seria altamente salutar. Ao aproximar-se dela, sob a supervisão do benfeitor espiritual, transmitiu suas sensações por meio da palavra:

– Misericórdia peço... O que fiz de mim mesma! Desesperada, humilhada, sofrida, abandonada, quis pôr fim aos meus dias! Não encontrei o fim, sinto-me perdida, confusa, com medo, não sei mais o que esperar!

O dialogador dirigiu-lhe palavras confortadoras de ânimo, dando-lhe a certeza de que não estava mais desamparada como julgava.

Vitorino, o pai de Cristina, também estava presente, junto a Fernando, em quem ele passou a depositar irrestrita confiança, desde o dia em que o encontramos na casa do médium Abel, a quem estava assediando por vingança do que ocorrera a sua filha. Estava agora emocionado por estar em um ambiente de fraternidade, vendo a filha ser amorosamente socorrida, assim como ele também estava sendo atendido.

Cristina sentia-se consolada. Não estava sendo julgada por suas atitudes. Não estava sendo condenada. Recebera paciência, compreensão e amor. Manifestara-se por uma médium que emprestou seus recursos para que ela desse a conhecer um tanto de seus sofrimentos numa catarse necessária. Sentia-se, agora, suavemente envolvida por energias benfazejas e restauradoras. Dali seguiria para tratamento apropriado às suas necessidades.

Vitorino também saíra da reunião mais esperançoso ao ver a filha se recuperar do penoso estado em que mergulhara por suas próprias mãos!

Terminada a reunião, segui agora ao encontro de Samuel, instrutor espiritual que acompanhou a trajetória do médium Abel Aires e que continuava a zelar por ele no seu retorno ao plano espiritual.

Junto a ele estava Henrique, nosso jovem amigo, que expressava muita gratidão a Abel. Foi por seu intermédio que transmitiu a carta que tanto serviu a seus pais, Anne e Hélio Garcez.

Acompanhei o final da conversa dos dois. Samuel relatava:

– Abel acha-se agora sob os cuidados de nossos atendentes. Inicialmente, sofreu a influência de entidades vingativas que buscaram assediá-lo, dominá-lo. No entanto, viu-se envolvido também pelas boas vibrações de pessoas que, assim como você, são gratas ao bom serviço que ele prestou. Assim, mesmo assustado e um tanto confuso, recebeu nosso socorro e nos acompanhou até nossa instituição, onde continua a refazer-se. A meu ver, as perspectivas são boas.

E, voltando-se para mim, com o sorriso bondoso que lhe marca as feições, rematou:

– Ana Cecília por certo traz novidades quanto ao atendimento de Cristina na reunião mediúnica!

Como eu havia sido gentilmente integrada à conversa, comentei:

– Acompanhei, sim, o atendimento à ex-companheira de Abel! O intercâmbio mediúnico é altamente salutar em casos como o dela. Cristina experimentou um significativo alívio nos padecimentos que vinha experimentando por longo período, desde que se decidira por abandonar o corpo de forma cruel, através do envenenamento! Pôde se perceber melhor; aos poucos, irá ampliar sua consciência e se dispor à reparação! Haverá de contar sempre com o nosso auxílio!

Henrique ouvia atentamente nossas observações. Gostava de aprender e isto sempre o ajudou muito. Em certo momento, ajuizou:

– Quando encarnado, tive alguns amigos espíritas que participavam de reuniões mediúnicas. Naquela época, talvez por ser ainda muito jovem, não compreendia bem do que pudesse se tratar. Hoje, entendo o quanto elas prestam elevado serviço na recuperação dos que deixaram o corpo físico. Quanto alívio experimentam ao contato com os médiuns quando são bem conduzidas! Tenho também observado o quanto fizeram bem a Vitorino, que agora compreende melhor o quanto se equivocou ao buscar vingança, só agravou mais ainda seus sofrimentos. Eu espero que ele consiga reencontrar a filha Cristina, como tanto deseja!

– Certamente! – concordou Samuel. – Tudo se dará no momento exato para que seja um encontro feliz para ambos! Em breve, Abel também receberá a visita de sua amorosa genitora, incansável na tarefa de fazê-lo perceber seus enganos e retornar ao caminho do bem.

Henrique despediu-se de nós satisfeito com as boas perspectivas para os amigos que estavam sob nossos cuidados. Eu, de minha parte, também estimava ver seu progresso. Ontem, era um rapaz carregado de pesares e rancores, o que deixou transparecer na primeira comunicação mediúnica. Entretanto, interessado em compreender os fatos de maneira mais abrangente, foi, pouco a pouco, deixando de ser o acusador implacável, sobretudo em relação ao pai, abandonando a postura de vítima das circunstâncias e buscando o equilíbrio. Ontem, era necessitado de socorro; agora, procurava a postura de acolher, confortar, aprender para socorrer.

A vida é assim mesmo, pensei eu. Contínua, sem interrupções, nem estagnações. Quem recebe auxílio hoje, pode prestar auxílio amanhã e assim deve ser para o progresso de todos.

De acordo com o amadurecimento, aos poucos, Henrique viria a descobrir mais sobre si mesmo e suas vivências passadas ao lado daqueles que conviveram com ele na mais recente encarnação.

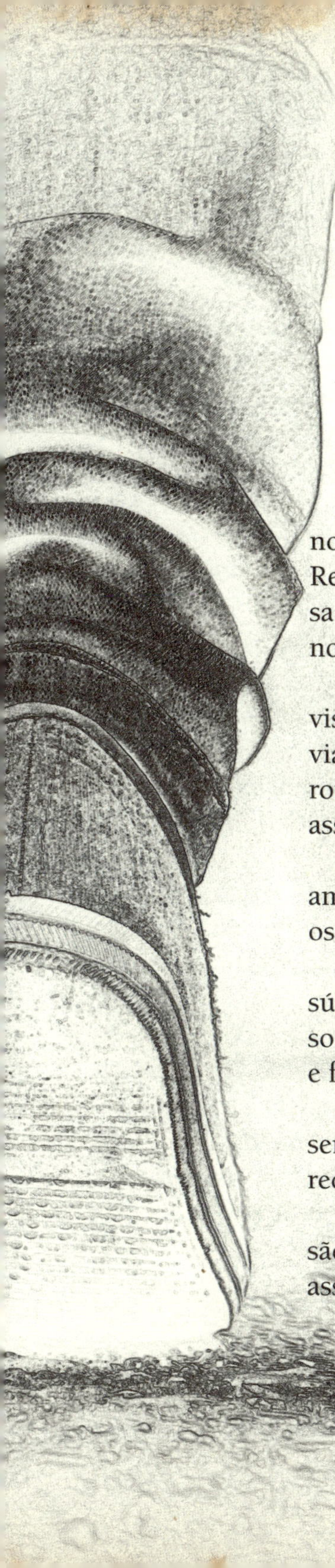

21

Naquela tarde ensolarada em Goiânia, pude novamente visitar o lar da querida amiga Dulcina. Recebia ela a visita do estimado sobrinho, sua esposa Daniela e do pequeno Bernardo, a quem segurava no colo.

Apesar da boa disposição que manifestava aos visitantes, nos últimos dias seu estado da saúde havia sido abalado. Recuperava-se de problemas coronários, felizmente não muito graves, mas, ainda assim, inspirava cuidados.

Como Dudu era muito estimada pelos parentes, amigos e vizinhos, não lhe faltava companhia, nem os préstimos de seus companheiros mais queridos.

Áurea, por precaução, assustada pelo mal-estar súbito da irmã, comunicara a Ronie que, pressuroso, antecipou o afastamento já previsto do trabalho e foi ao encontro da tia.

E ali estava diante da figura tão querida, sorriso sereno de sempre, contente por brincar com o bebê rechonchudo que estava em seu colo.

A meu lado estava Érica, que recebera permissão de nossos instrutores para visitar a família. Ela, assim como eu, observava a cena, enternecida.

Podia-se perceber facilmente a alegria dela em rever o irmão e notar seu contentamento ao lado daqueles a quem amava. Apesar das dificuldades, que vez ou outra surgiam, mantinham-se unidos e Bernardo crescia num ambiente de amor e entendimento.

Em dado momento, Érica considerou:

– A vida tem mesmo repostas surpreendentes e sempre melhores do que aquilo que podemos esperar! Felizmente, meu irmão soube fazer a escolha certa, a que lhe trouxe mais felicidade! Por muito tempo, mostrou-se confuso, sem saber que decisão tomar. Vê-lo assim também me confundia. Na ânsia de tentar resolver, de uma vez por todas, a situação conflituosa que ele criou para si mesmo e para Viviana, saí às pressas de Santos, naquela noite em que sofri o acidente fatal. Ainda não sei ao certo se minha interferência seria correta ou incorreta! Tantas vezes tentamos agir no sentido de precipitar a solução de situações que não estão ao nosso alcance! É tão difícil distinguir isso, mais ainda quando estamos encarnados, penso eu. Vivi estava tão perturbada com tudo aquilo, não falava em outra coisa e ficou ainda mais ensandecida com o telefonema que recebeu. Foi por isso que decidi voltar naquela madrugada, para tentar pôr um fim a toda aquela confusão! Talvez, porém, minha atitude tenha servido para gerar ainda mais perturbação.

"Agora, vendo o rumo que Ronie deu à própria vida, entendo que Deus nos mostra soluções onde não as enxergamos, mas que são sempre mais justas e adequadas às nossas necessidades. Ao mesmo tempo, estimo a felicidade de Viviana junto a Vítor."

Observamos o quanto a visita de seus amores trouxera imenso bem-estar a Dudu. Despedira-se deles com a ternura de sempre. Não tardaria ela a organizar o Evangelho no Lar, naquela tarde, com a presença de mais duas vizinhas. Emocionada, por meio de sua sensibilidade mediúnica, percebeu nossa presença! Orou agradecida por eu estar cuidando de sua Érica! Retribuímos o afeto de nossa querida amiga e cooperadora, em nome do amor imortal!

* * *

Já em São Paulo, onde seguiria acompanhado o tratamento de Cristina, atendida por devotados amigos de um centro espírita na capital, pude observar também a despedida de Hélio de sua irmã, Leona, e sua sobrinha, Martina.

Enquanto ele aguardava que elas se identificassem e despachassem as bagagens, observava a movimentação no aeroporto e recordava. Seu pensamento voltou ao dia em que retornava. Encontrou um livro que uma senhora distraidamente "esquecera" em um dos assentos. Mais uma das artimanhas de minha amiga Dulcina. Hélio, curioso, ao ver tratar-se de *O Evangelho segundo o espiritismo*, deparou-se com um recado direto ao seu sofrido coração, pois a página tratava sobre perdas de entes queridos, justamente quando ele estava enlutado pela partida do filho Henrique. Dali em diante, foi fazendo seu caminho de volta. Retomou seu interesse pelos estudos espíritas há muito abandonados. Reencontrou Agnes e, com ela, uma vida plena de afeto e compreensão.

De fato, a vida sempre surpreende. Sempre oferece soluções inesperadas a situações que, muitas vezes, damos por liquidadas.

Emoções ressurgem, sentimentos voltam a florescer, novas oportunidades, novas chances de recomeço e reparação.

Hélio observava um menino de mãos dadas com o pai, curioso em poder ver a movimentação das aeronaves. Lembrou-se com ternura do filho Henrique e do quanto ele também estimava ver os pousos e as decolagens. De quantas vezes visitara a cabine do piloto e retornava feliz com suas observações e descobertas.

Emocionou-se ao lembrar que até mesmo o filho retornara do Mundo Maior e, por meio de carta psicografada, afirmou-lhe que prosseguia em sua aprendizagem, que procurava superar suas dificuldades e rejubilava-se em ver o pai trilhar um rumo mais seguro junto aos seus afetos.

Sim, em sua breve retrospectiva, Hélio concluíra que tinha muito mais motivos para agradecer do que para reclamar.

Ao se aproximar, Leona percebeu o olhar distante de seu irmão. Ele ainda observava o menino e o pai que já iam mais adiante. Ela, por sua vez, perguntou com objetividade:

– Saudades de nosso Henrique?

Hélio, então, voltou de suas divagações e respondeu, puxando-a para perto de si:

– Recordando sim, com muita ternura... Sempre recordarei...

– ... sem mais pesares, nem culpas, nem acusações, nem remorsos? – rematou Leona, mais uma vez, de forma bastante direta.

– Sim! Exatamente como você disse! Henrique deixou-nos uma imensa saudade, mas trouxe também a certeza de que a vida segue sempre oferecendo as melhores oportunidades a cada um de nós!

Leona retribuiu o abraço. Estimava demais ver o irmão animado com as novas perspectivas que buscara para si mesmo. Desejava que o primo Osmar também desse a si mesmo a idêntica oportunidade de abrir espaço a um sentimento verdadeiro em sua vida. Ao que tudo indicava, tal se daria. O teimoso primo recuperava-se bem depois do mal-estar que provocara sua internação às pressas. Ele e Flora estavam decididos a oficializar sua união. Todos concluíram que até mesmo as experiências penosas serviam para mostrar novos caminhos e nos fazer distinguir o que realmente tem valor e quem deve nos acompanhar. Foi pensando nele que Leona recomendou:

– Continue cuidando do Osmar, seu "cupido desastrado"... Ele quase perdeu a chance de ser feliz ao lado da mulher que ama!

Hélio riu da irreverência da irmã. Ela, mais uma vez, resumiu bem a situação. De fato, tempos atrás, o primo havia sido muito hábil em promover o encontro que o reaproximara de sua querida Agnes; todavia, ele quase havia desperdiçado a sua chance de se unir a Flora.

Logo Martina se juntou a eles. Conversaram mais um pouco, despediram-se com um afetuoso abraço e não tardaram a embarcar.

Hélio seguiu ao encontro de Agnes e Ângela. Queria muito passear com seus amores!

* * *

Observávamos que os amigos a quem vínhamos acompanhando passavam por momentos de transição e transformação. Viviana transitara da saúde para a doença limitadora e se recuperara; reencontrara Vitor e com ele iniciava novas experiências na vida afetiva. Osmar passara por situação semelhante e decidira pôr fim aos seus dias de solidão, vivendo, agora, ao lado de Flora. Hélio e Agnes, quando tudo indicava que não haveria mais chances de reconstruir sua relação, surpreendiam a todos, solidificando-a cada vez mais. Dulcina vivia seus últimos meses na experiência carnal e vinha se despedindo de seus afetos, deixando marcas de amor em muitos corações. Partiria em paz para junto de seus amigos espirituais.

Porém, de todas, a transição mais desafiadora, sobretudo para Vicente, era a mudança da filha Silvana para outro país. Naquele dia ensolarado, clima agradável para a viagem de retorno, ele a observava no veleiro. Ela estava em silêncio. Era sua forma de se despedir das belas paisagens, que certamente demoraria muito a rever. Foram dias maravilhosos ao lado de familiares a quem muito estimava, tios e primos por parte de seu pai.

Para Vicente, a conversa com os parentes também o ajudou a chegar a um entendimento mais amplo da situação que ainda o importunava. Em diversas oportunidades, despedira-se da família para viver e conhecer lugares que eram, há muito, buscados por sua alma, sempre sedenta de aventuras e novos conhecimentos. No entanto, sempre voltava para Estela, o porto mais seguro de todos. Sempre voltava para a companhia das amadas filhas; era realmente como a fábula que Silvana criara: ele, o pássaro viajante que voltava para se abrigar na árvore amiga de sempre, representada pela esposa.

Assim foi por muito tempo. Porém, agora a situação se invertia: não seria mais ele a partir; assistiria à partida de um ser querido, cujo regresso não se daria tão cedo. Por certo, seriam muitas as ocupações da filha em outro país até que tudo se estabilizasse. Felizmente, o progresso da internet ajudaria a diminuir a ausência, aproximando os distantes. Ainda assim, acostumar-se àquela mudança que Silvana impunha a si mesma e aos que com ela conviviam demandaria tempo.

Tal decisão havia sido surpreendente para ele. Estela lidava com a situação de modo totalmente diverso. Talvez por estar acostumada às idas e vindas de seu amor, tinha mais facilidade em dar à filha uma palavra de incentivo, de confiança para o novo rumo que desejava seguir. Por vezes, ele se encantava ao vê-la conversar com a filha como se esta estivesse a falar de uma mudança para outro estado, quem sabe... não para outro país.

Precisava se convencer de que era pai, não dono da vontade das filhas, teoria esta que ele sempre defendeu, porém estava tendo certa dificuldade de pôr em prática. Estranhamente, enfrentara com tanta coragem a difícil recuperação de Viviana, soubera auxiliá-la a lidar com os temores e culpas que atrasavam sua reabilitação. Jamais se esqueceria do dia feliz em que a viu conseguir dar os primeiros passos como se estivesse a renascer; nunca se apagaria de sua memória a indescritível emoção de sua filha amada.

De certa forma, Silvana também se dispunha ao desafio de vencer barreiras e deixar para trás seus receios e hesitações. Seria também um 'nascer de novo', uma travessia não só de um continente para outro. Seria, também, uma travessia em suas emoções e sentimentos. Agora, era ele quem tinha dificuldade de caminhar até ela para encorajá-la. Percebia isso em si mesmo naquele momento em que observava a filha, cabelos ao vento, apreciando a bela paisagem na proa do veleiro!

Silvana, sempre tão independente e segura de si! Precisaria ela de seu abraço, de seu incentivo para uma decisão já tomada? Tudo indicava que não. Contudo, aquele pareceu ser o instante para ter com ela a conversa franca que ainda não tinha acontecido. Certamente, em virtude da dificuldade dele em expressar o que sentia. Logo Vicente, sempre tão arrojado e resoluto em suas ações. Por sua autenticidade, quase se vira impedido de casar com Estela. Recordava-se, também, naquele preciso instante – ainda na embarcação – do quanto foi difícil conseguir a aprovação do pai dela para o casamento; e a noiva, por mais apaixonada que estivesse, recusava-se a casar sem a 'bênção' e o consentimento paterno.

Eram outros tempos, considerava. De lá para cá, a relação entre pais e filhas se alterou bastante, sem dúvida. Todavia, laços de ternura, consideração e amor devem permanecer, independente da forma com que se manifestem. E sim, talvez, a segura Silvana estivesse à espera de uma palavra favorável, motivadora, vinda de seu pai.

Pensando em tudo isso, Vicente seguiu em direção à jovem engenheira que estava prestes a iniciar um novo capítulo no livro de sua existência. Chegou devagar e a envolveu em um carinhoso abraço. Ela sussurrou:

– Pai, este seu abraço quer me dizer tanta coisa!

– Sim, minha querida... Este abraço quer lhe dizer o que eu não encontro palavras para expressar... Tanta coisa para falar e só consigo dizer: eu te amo, filha, te amarei para sempre, querida, onde quer que você esteja e com quem estiver!

Silvana o abraçou ainda mais intensamente. Duas pessoas a quem seu pai amava, seu grande amigo Hans Kurz e sua filha, passariam em breve a viver sob o mesmo teto, em terra distante, e isto o surpreendeu. Jamais contou com esta remota possibilidade, mas os caminhos da vida assim se apresentaram. Ela também entendia o quanto era estranho para ele e o abraçava com imenso amor filial. Sentia o coração do pai pulsar acelerado e o dela também. E assim ficaram abraçados, em silêncio, até que Vicente retomou a palavra:

– Filha, eu te amo e, porque te amo, respeito sua decisão r estarei sempre com você, apoiando esse recomeço. Porque eu te amo, confio que você deve se permitir tentar esse relacionamento com o homem que escolheu e que a escolheu, também. Em nome da sua felicidade e da dele, a quem eu estimo tanto...

E disse a frase que Silvana tanto queria ouvir:

– Eu lhe abençoo, filha amada! Seja muito feliz em seus novos caminhos!

Mais uma vez, aconchegaram-se um nos braços do outro. Nada mais havia a dizer. Vicente, tomado de emoção, surpreendera-se consigo mesmo. Jamais se imaginara vivendo uma situação assim. Agora entendia tão bem porque aquela atitude inusitada de Estela em relação ao pai. Chegara a sua vez de "conceder a bênção", manifestar apoio irrestrito à filha amada, que carecia, sim, de uma palavra vinda dele, por mais que os novos tempos pudessem mostrar que isso já não era mais necessário, 'fora de moda'. O amor e a compreensão jamais devem sair de moda. Eles são o combustível das relações, devem se fazer sempre presentes de uma maneira ou outra, como acontecia naquele instante.

Pai e filha seguiam abraçados, corações em paz, observando a paisagem deslumbrante, fortalecendo os elos do mais legítimo afeto!

22

Eu seguia pelo corredor da instituição socorrista que acolhera Abel Aires. Logo encontraria Samuel, sempre zeloso em acompanhar sua readaptação à nova dimensão, onde se encontrava. Saudando-me com a conhecida simpatia, contou-me ele a respeito da significativa melhora que o paciente experimentara ao receber a visita de sua dedicada genitora.

Abel mostrou-se grato pelo socorro recebido. Afirmou o amigo, que agora seguia comigo rumo às dependências onde se encontrava o médium recém-desencarnado, que ele se libertara do assédio das entidades vingativas também por intercessão das preces a ele dirigidas pelas mentes de pessoas a quem auxiliara.

Eram os dois lados da mesma moeda, pensei eu. Por certo, Abel Aires cometera graves enganos na sua trajetória como médium. Atraíra ódios e desconfianças ao se comprometer com entidades inferiores na busca de lucros e reconhecimento, ao atender aos apelos da ambição, da conduta irrefletida, mesmo após ter contato com os ensinamentos sempre seguros da Doutrina Espírita. Ainda assim, se fez surdo aos bons conselhos que recebera, trilhara por caminhos tenebrosos e logo se deparou com a desilusão. Provara do desencanto, da amargura, do arrependimento. Percebera a gravidade de seus atos e se propôs a recomeçar. Enfrentara mais um tanto de rejeição e acusações por parte daqueles que se achavam imunes ao erro. Finalmente, redimiu-se por meio do trabalho constante em favor do próximo, sem mais reincidir no erro de se colocar como credor dos benefícios que pudesse espalhar.

Por minha vez, relatei a Samuel que o estado de Cristina, jovem com quem Abel se envolvera e abandonara, também apresentava significativa melhora. Libertava-se pouco a pouco de energias mais densas; o contato com a médium, por meio da qual relatou as terríveis experiências pelas quais passou, havia sido altamente favorável a sua recuperação. Não mais se via como vítima, reconhecia que o gesto desesperado de cometer o suicídio somente lhe trouxe sofrimentos ainda maiores. Esperava pelo reencontro com o pai, Vitorino, que há tempos sofria ao ver a filha debater-se em tormentos e alienação, nas regiões mais sombrias, as quais passou a habitar.

– Dia virá em que conseguiremos reunir Vitorino, Cristina e Abel para o planejamento de novas ações, visando o progresso de todos! Somente o amor é capaz de extinguir o ódio e conduzir à tão almejada libertação! – recordou Samuel, com acerto.

Ao que sabíamos, todos eles eram espíritos que já haviam passado por experiências comprometedoras em existências transatas e, mais uma vez, tornaram a se envolver penosamente com o erro, tal como sucede a muitos de nós. Todavia, incessantes são as oportunidades de reajustamento oferecidas pela Misericórdia Divina.

Logo estaríamos na companhia de Abel, já mais lúcido, e dele ouviríamos um relato pungente:

– Agora que retornei à verdadeira vida – iniciou ele –, sinto necessidade de estar junto aos que prejudiquei, ajoelhar-me e pedir perdão, se preciso for. Eu caí por meu próprio descuido. Não me faltaram advertências e eu fui surdo a todas elas. Embrenhei-me por caminhos sombrios, embalado pelo sonho de dinheiro fácil, prestígio e influência sobre as pessoas. Tomado pela vaidade que o dom de curar me proporcionava, afastei-me dos que queriam o meu bem. Não preciso lhe dizer, Samuel, você acompanhou tudo isso. Viu-me entrar por um verdadeiro labirinto, guiado por consciências desencarnadas tão comprometidas quanto eu, labirinto esse do qual saí ainda mais comprometido. Você viu minhas lutas comigo mesmo quando me dei conta do mal que estava causando às pessoas...

Samuel, seu benfeitor, ouvia pacientemente o relato de seu assistido. Sem dúvida, a reencarnação de Abel deveria servir para trazer benefícios, saúde e esperança à vida de muitas pessoas com as quais iria conviver. Era uma forma de apagar com a borracha do amor, conforme me dizia uma querida amiga, os graves erros do passado distante. Todavia, decidiu-se por atender aos apelos da ambição e, de fato, Samuel, com tristeza, vira-o seguir por caminhos tortuosos, indiferente a todas as advertências fraternas que fizera chegar até ele. Provara o remédio amargo e agora entendia que sofria as consequências de suas próprias escolhas equivocadas.

Contudo, Samuel sabia também que, em determinado momento, Abel seria novamente despertado, dar-se-ia conta de seus equívocos e retornaria para o caminho mais seguro, sob o amparo dos bons amigos. Foi o que de fato ocorreu. Tal fato fazia-nos lembrar da parábola do filho pródigo, na qual o filho retorna aos braços do pai, depois de trilhar por um caminho de desenganos.

Abel seguiu seu relato:

– E Cristina? Lembro-me com muito pesar do que sucedeu a ela! Eu sei... Eu a induzi ao erro... Eu a abandonei depois de ter gozado de seu amor e sua confiança... Era uma pessoa frágil e instável e eu, que devia socorrê-la, ampará-la, acabei por lançá-la em um abismo de dor e desespero! Ah, meu Deus! Dá-me forças! Sei que meu arrependimento não é suficiente para reparar o mal que eu causei a essa jovem! Tudo farei para me corrigir desse grave erro!

Lágrimas escorriam pela face de Abel. Buscava em si forças para seguir adiante, mas queria a reconciliação com adversários, desafetos e também com as pessoas a quem vitimara com seu orgulho, egoísmo e leviandade. E a lembrança do que sucedera a Cristina sem dúvida era fonte de perturbação.

Samuel abraçou-o com a ternura de um companheiro que o conhece há muito tempo. Infundiu-lhe confiança, lembrando-o de que também teria a oportunidade de reencontrar as pessoas a quem beneficiara. Recordei-me de Henrique, que manifestara vontade de vir ao encontro de Abel, intermediário da carta psicografada que enviara aos pais, Anne e Hélio.

Saí do encontro com a mente povoada por muitas reflexões. A vida sempre nos oferece incessantes oportunidades de aprender. Basta estarmos atentos.

Recordava-me com exatidão das palavras do Mestre Jesus, registradas por Mateus (5:25-26): "Reconciliai–vos o mais depressa possível com o vosso adversário, enquanto estais com ele a caminho, para que ele não vos entregue ao juiz, o juiz não vos entregue ao ministro da justiça e não sejais metido em prisão. – Digo–vos, em verdade, que daí não saireis, enquanto não houverdes pago o último ceitil".

Pensava no quanto costumamos adiar resoluções importantes. Incessantes são as oportunidades de reajustamento; contudo, isso não significa que possamos adiá-las indefinidamente.

"Enquanto estás a caminho" sempre me pareceu uma expressão chave nesse ensinamento de Cristo. Abel, Cristina e Vitorino palmilharam o mesmo caminho, estiveram lado a lado na última experiência terrena e, no entanto, deixaram passar a oportunidade do reajuste, reincidindo no erro que os levou à prisão da consciência culpada.

Cessara o tempo das acusações mútuas. Percebiam o alcance de seus atos, as graves consequências que geraram para si mesmos.

Por muito tempo, pensando estar agindo em defesa da filha, Vitorino agiu como algoz de Abel, instigando nele a culpa que quase o imobilizou para conquistas maiores. Fazia crescer nele a sensação de que era incapaz de realizações melhores. Ao ver o sofrimento da filha, julgou-se no direito de cobrar atitudes de quem considerava o maior culpado pela atitude infeliz tomada por ela.

Desde épocas recuadas, vinham eles comprometidos com sérios desvios de conduta que não foram corrigidos "enquanto estavam a caminho"...

23

Conforme aprendemos na Doutrina Espírita, uma das finalidades da reencarnação é promover o reajustamento de sentimentos e emoções. No lar espírita que me foi proporcionado na mais recente encarnação, cresci ouvindo que é como uma nova página no livro da vida incessante. Nesta nova página, de posse do livre-arbítrio, temos a oportunidade de traçar novos episódios.

Recordava dessa lição à medida que me inteirava dos episódios que envolviam Cristina, Abel, Vitorino, Ângela, Hélio e Henrique. Pertenciam eles, em época recuada, a um mesmo núcleo familiar.

Para tanto, com o prestimoso auxílio de Samuel, dedicado benfeitor que, naquela época, testemunhou como amigo da família todos os graves eventos com os quais se comprometeram, passei a compreender melhor os vínculos que os uniam.

Tais eventos ocorreram no século XIX, época de prosperidade no Vale do Parnaíba, região cafeicultora de São Paulo. Os solos férteis, propícios ao plantio do café, faziam a fortuna de muitas famílias.

Vitorino era um desses poderosos proprietários de grandes extensões de terra, por conseguinte, detentor de poder e influência. Seu nome era Aristeu Junqueira. Era viúvo, pai de três filhos e uma filha.

O comendador, como era conhecido, tinha Otaviano (Hélio) como seu primogênito; depois dele, Gregório (Henrique), Inácio (Abel) e a delicada Constância (Ângela) como filha mais nova. A esposa do comendador falecera em decorrência do parto da menina e, desde então, decidira ele cuidar da educação dos filhos sem unir-se a mais ninguém.

Proporcionou a todos esmerada educação. Otaviano auxiliava-o na administração da fazenda e dos negócios na cidade; Gregório seguira a carreira militar; Inácio transferiu-se para o exterior para prosseguir nos estudos, conforme vontade da mãe, enquanto Constância era educada para futuramente ser uma boa esposa em algum matrimônio vantajoso.

Em dado momento, para surpresa de todos, o conhecido dono de terras decidiu imprimir importante mudança em sua vida. Uniu-se, em matrimônio, a Cidália, bela jovem com quem passou a compartilhar sua intimidade.

Tal união contrariou a vontade dos filhos que ainda viviam sob o mesmo teto: Otaviano e Constância. Gregório eventualmente os visitava, por força de suas atividades no exército. Possuía imenso carinho pela irmã mais nova, porém tinha sérios desentendimentos com o primogênito, sempre muito autoritário e impositivo em suas decisões. Julgava-se com mais direito que os demais, visto que era quem mais se dedicava à administração das propriedades que garantiam o sustento de todos. Constância, por sua vez, manifestava imensa afinidade com o irmão que demorava a ver, mas por quem tinha elevada afeição. Com a chegada de Cidália, passou a sentir-se pouco à vontade na própria casa. Já na adolescência, começou a ter percepções mediúnicas, as quais comentava apenas com o querido irmão, por saber que poderia confiar nele. Gregório, por sua vez, passou a buscar explicações para os fenômenos que envolviam a irmã mais nova e se relacionavam com o fato dela perceber, em torno de si, presenças espirituais que a perturbavam. O militar passou a encontrar, nos círculos em que frequentava, estudiosos da Doutrina Espírita, e passou a estudá-la, encontrando muitas explicações lógicas para os fenômenos que se passavam com Constância.

Todavia, também nesse aspecto passou a desentender-se com o pai e o irmão. Entendiam eles que Constância era portadora de algum distúrbio mental, alguma desordem orgânica que precisava ser tratada. E resistiam à ideia de que ela pudesse buscar fora dos domínios da Igreja Católica a solução e a explicação para o convívio com as entidades que a assediavam de forma cada vez mais persistente.

Com sua aguçada sensibilidade, percebia a presença de espíritos vingativos que, seguidamente, afirmavam que a casa ruiria, que muito sangue correria e que se destruiriam mutuamente por conta da ambição e da ganância. Tal fato era motivo de apreensão para todos e fonte de constantes tormentos para a filha mais nova do comendador.

Infelizmente, os acontecimentos vieram a confirmar as funestas previsões, principalmente com a volta de Inácio, que concluíra seus estudos na França e regressara à fazenda onde crescera num momento de muita conturbação.

Em seu retorno, o jovem encontraria um ambiente marcado pela prosperidade, mas marcado, também, por disputas de interesses, pelos conflitos na administração da propriedade rentável, entre as ideias arrojadas e inovadoras de Otaviano e a forma tradicional de Junqueira em administrar seus bens. Havia Constância, saúde frágil, a afirmar que via espíritos e as almas dos mortos, que vinham procurá-la para prenunciar tragédias. E Gregório buscando formas de ajudá-la, contando para isso com Samuel, seu amigo de infância. Ambos se dispunham a estudar e auxiliar no caso da querida filha do comendador.

Espiritismo? Sim, Inácio ouvira falar de ideias espíritas a se propagarem com força nos meios culturais da França, do século XIX. Mantivera contato com pessoas que frequentavam sessões mediúnicas e haviam obtido relatos de seus parentes já falecidos. Ele mesmo participara vez ou outra de tais reuniões e tudo lhe pareceu muito fantasioso. Inácio, de fato, presenciara reuniões pouco sérias, onde perguntas frívolas eram expostas aos espíritos sem maior preocupação com a verdade. Daí a impressão que guardou de que tudo aquilo era apenas um passatempo para divertir os curiosos. O que se passava com a alma depois da morte? Francamente, não lhe interessava. Queria desfrutar dos prazeres do momento presente, das facilidades que a riqueza e a beleza lhe proporcionavam e apenas isso. Era um rico herdeiro e isso lhe bastava.

Inácio passou a desencorajar as tentativas de submeter Constância a um tratamento de passes, o que muito poderia tê-la ajudado. Falava da inutilidade de tais procedimentos. Gregório sugeria levá-la à capital para iniciar um tratamento espírita na instituição recém-fundada por Samuel. O pai e os irmãos resistiam. Constância cada vez mais mergulhava em um estado de abatimento e confusão. As vozes do invisível continuavam a perturbá-la com ameaças cada vez mais contundentes de fazer a próspera casa ruir, como resposta aos desmandos e abusos de seu pai, comendador Junqueira.

Por longo tempo, para atender a seus compromissos com o exército, Gregório ausentou-se. Samuel comprometeu-se a seguir acompanhando Constância, em que pese a resistência da família. Percebia a estreita afinidade existente entre o amigo e sua irmã mais nova, objeto de sua mais cara afeição e de muita preocupação.

Alguns anos se passaram e Samuel e Constância decidiram-se pelo matrimônio, indo viver na capital. Assim, ela saiu do ambiente pernicioso e nocivo a sua saúde física e espiritual.

Na fazenda permaneceram Otaviano, seu pai e Inácio, este cada vez mais atraído por Cidália, em um relacionamento altamente perigoso para ambos.

O jovem, em sua vaidade e presunção, era instrumento dócil para ser influenciado pelas mentes malfazejas que ali persistiam, com o intento de fazer a casa ruir.

Otaviano, por sua vez, tirava partido das fraquezas e leviandades do irmão, regozijava-se com o afastamento de Gregório, a quem detestava, e sentia-se feliz por ter se livrado da incômoda presença da irmã com suas indesejáveis visões, o que, para ele, eram apenas fruto de sua mente doentia.

Assim, dominava cada vez mais. Tinha um caráter tão impetuoso quanto o do pai. Sabia das fragilidades de cada uma das pessoas com quem convivia na próspera fazenda do interior paulista. Com o tempo, um se lançaria contra o outro, destruir-se-iam ao se deixar tomar por paixões desmedidas, e ele só teria a ganhar se soubesse tomar partido. Ainda seria senhor absoluto de todas aquelas terras. Era esta sua maior ambição.

Certa vez, reuniram-se os quatro filhos do comendador na fazenda, na ausência do pai, que havia viajado com a esposa. Os ânimos, cada vez mais acirrados, por mais que Samuel tentasse conciliá-los. Tudo fazia crer que, de fato, ainda era iminente alguma tragédia familiar.

Inácio, cada vez mais indiferente aos interesses da família, levava uma vida dissoluta e esbanjava dinheiro; Otaviano, voltado apenas para si mesmo e suas ambições, sempre mantinha uma atitude hostil em relação aos irmãos, em especial a Gregório; este por sua vez, afastava-se ainda mais da família, descontente por ver tanta discórdia e desunião. Preocupava-se com a indisfarçável atração entre Cidália e Inácio. Inútil, porém, aconselhá-lo e tentar dissuadi-lo da ideia de levar adiante a aventura amorosa com a madrasta. Os dois se conduziam para um abismo com os olhos vendados na opinião do militar; ainda assim, persistiam.

Constância e Samuel voltaram entristecidos da viagem, abatidos por ver que pessoas queridas faziam escolhas perigosas para suas vidas.

Não tardou muito para que a tragédia se consumasse. Ao saber que a esposa e o filho o traíam, o próprio comendador tramou a morte dela numa emboscada, enquanto ela voltava de um de seus encontros furtivos. Deserdou o filho e o expulsou de casa. Este, humilhado e envergonhado, partiu para outra cidade onde continuou a ter uma vida dissoluta, carregando consigo terrível ódio contra o pai.

O comendador, por sua vez, terminou seus dias solitário, abandonado e amargurado, sofrendo com a terrível perseguição da esposa desencarnada, que passou a assediá-lo buscando vingança.

Otaviano passou a deter extenso poder sobre as propriedades, como ansiava. Em sua enfermidade, contou apenas com a ajuda da irmã Constância, a quem tanto acusara e desprezara, considerando-a alucinada. Ela tornou-se companhia permanente naqueles dias em que nem toda sua fortuna conseguiu livrá-lo de seus padecimentos.

Assim, somente Gregório e Constância mantiveram laços de amizade naquele núcleo familiar desfeito.

Regressaram ao plano espiritual amargurados pelas experiências malsucedidas, sendo conduzidos a novas vivências no mundo físico.

Otaviano e Gregório, irmãos rivais, seriam agora pai e filho, Hélio e Henrique, para que pudessem pôr fim às animosidades. Contudo, ainda assim elas permaneceram, afetando a qualidade de relacionamento entre os dois. Por sua vez, Constância, ao reencarnar com Ângela, manteve a afinidade que a unia ao irmão de época recuada. Preservou, também, a aptidão mediúnica que a pôs em sintonia com Henrique, já desencarnado, quando ele buscou o contato com Hélio.

O outrora poderoso comendador Junqueira voltou em uma existência obscura, como pai amoroso de Cristina, para quem encomendara a morte movido por terrível ódio. Todavia, mais uma vez Inácio apresentar-se-ia em seu caminho, agora como médium o Abel Aires que, novamente, aproximar-se-ia de Cristina para viver com ela uma relação saudável e equilibrada. Todavia, tanto um quanto outro tornaram a se envolver em excessos, em sentimentos de desejo e posse e o desfecho, mais uma vez, foi trágico.

Vitorino desencarnou com ódio de Abel, desesperado com a ausência da filha que, naquele preciso momento, já estava em melhores condições de compreender sua situação na vida espiritual.

Eram três almas seriamente comprometidas com erros graves, tal como sucede a tantos quantos não seguem a recomendação cristã de "reconciliar-se com seu adversário enquanto estão a caminho".

Uma sucessão de equívocos teve lugar onde não imperou o bom senso, apenas a ganância e o egoísmo.

Compreendi melhor a situação aflitiva que envolvia meus amigos e trago esse conhecimento aos leitores com a finalidade de proporcionar reflexões que possam ajudá-los a verificar o mecanismo infalível da Justiça Divina em nossas vidas, reaproximando afetos e desafetos, no intuito de promover essa reconciliação, que pode demorar, mas sempre acaba acontecendo. Não é bom adiá-la indefinidamente.

Rogava a Deus por meus amigos! Que eles encontrassem os caminhos do perdão e do entendimento, pondo fim a tantas dissensões, que só traziam pesar e infelicidade. Que as agressões, cobranças e acusações cessassem, pedia em minha rogativa ao Alto, para que o progresso pudesse, mais uma vez, triunfar e a paz tão almejada fosse alcançada!

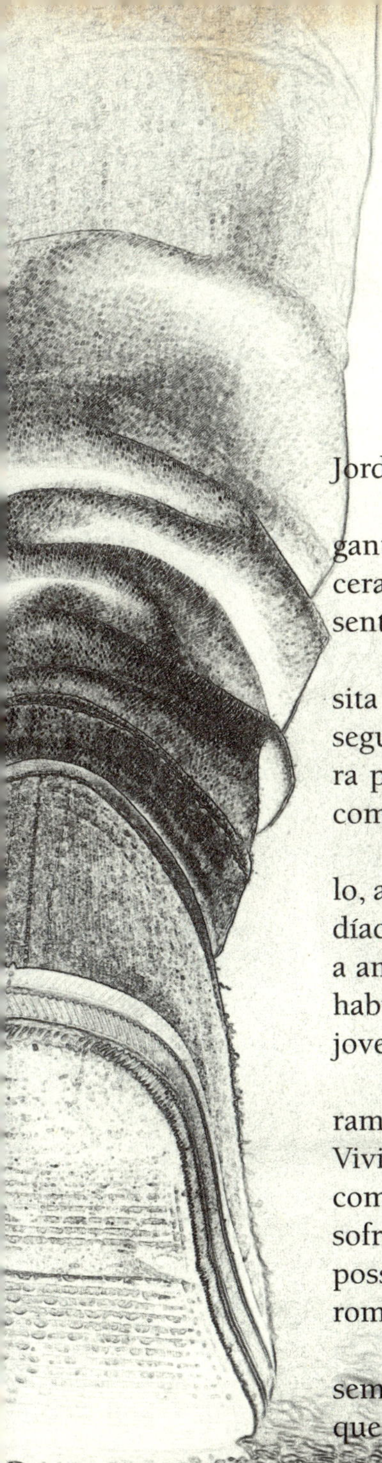

24

Dia de intensas comemorações em Campos do Jordão: festa de casamento de Viviana e Vítor.

Os noivos recebiam os convidados na aconchegante propriedade rural. Silvana e Kurz compareceram para aumentar ainda mais a alegria dos presentes.

Dias antes, em São Paulo, Viviana recebia a visita de alguém muito especial, alguém por quem seguiria nutrindo especial afeto, a quem convidara para participar das bodas, mas que não poderia comparecer: sua querida amiga Dulcina.

Estava ela em tratamento de saúde em São Paulo, aos cuidados do sobrinho Ronie. Sua doença cardíaca inspirava atenção. Ainda assim, foi levar até a amiga um presente artesanal, feito por suas mãos habilidosas, para que pudesse adornar a morada do jovem casal.

Na ocasião, recordaram a conversa que tiveram tempos atrás, quando Dulcina já despertava em Viviana a esperança em um futuro relacionamento com outra pessoa, num momento em que ela ainda sofria com a limitação física e não acreditava nessa possibilidade. Tinha ainda o coração sofrido pelo rompimento com Ronie.

Agora, os tempos eram outros. Dudu viu no semblante alegre de sua interlocutora a certeza de que havia feito uma boa escolha ao aceitar dividir a vida com Vítor, que se mostrava cada vez mais um companheiro leal, afetuoso, sempre apaixonado. A vida o trouxera de volta de maneira surpreendente, num momento inesperado, e ele chegara para ficar, no dizer de Viviana.

Dulcina regozijou-se com as melhores perspectivas na vida daquela jovem a quem tanto estimava e despediu-se dela um afetuoso abraço. De fato, seria o último encontro entre as duas. Dois meses depois, em seu regresso a Goiânia, dar-se-ia o desenlace carnal de nossa querida Dudu.

Aguardávamos amorosamente o regresso de nossa devotada companheira. Cumprira ela com boa parte das extensas obrigações com as quais se comprometera ao longo da vida. E cumprira com dignidade, integridade e amor.

Partira deixando seus afetos mais caros e sendo aguardada por outros tantos afetos, que a assistiam no momento da transição para o plano extrafísico. Deixara ela um rastro luminoso por onde passara; inúmeros corações uniram-se em preces, auxiliando-a no desligamento da vida terrena. E, pouco a pouco, Dudu recobrava a consciência de si mesma, sob a observação de amigos em uma colônia próxima à crosta terrestre.

Em momento preciso, eu fui levar meu abraço a essa querida amiga, servidora dedicada do Cristo, que sempre me deu bons exemplos. Ao reconhecer-me emocionada, abrigou-me de forma peculiar em seus braços e pude sentir de novo aquele carinho que há muito tempo eu não sentia. Maravilhas da vida que nunca separa aqueles que se amam verdadeiramente, pensava eu, à medida que me deixava envolver pelo abraço carinhoso da amada Dudu!

* * *

O pequeno Bernardo movimentava-se pela sala da casa dos avós em Goiânia, sob o olhar atento de sua mãe, Daniela.

Áurea e o filho Ronie conversavam enquanto tomavam um cafezinho. “Como era bom estar novamente na presença do filho amado” – que aproveitava um feriado prolongado para estar com os pais –, considerava ela, mirando-o ternamente, enquanto ele terminava seu relato sobre os desafios que a paternidade já representava em sua vida.

Sua expressão denotava o quanto a experiência estava sendo importante para aquele rapaz, o quanto estava modificando sua forma de ver a vida, as pessoas, as relações. Escolhera para si uma companheira valorosa, profissional competente, mãe dedicada e amorosa. Para ela, os desafios também estavam sendo grandes, mas seguiam juntos, buscando construir alicerces seguros para a educação do pequeno.

Aos poucos, o olhar de Áurea e Alberto em relação a Daniela foi se modificando; as acusações cessaram diante da persistência da jovem em manter-se firme ao lado do homem a quem amava; as desconfianças foram vencidas pela extrema ternura e respeito com que ela tratava os pais do esposo e, finalmente, a rejeição inicial à união dos dois se dissipou. Tanto Áurea quanto Alberto concluíram que ambos estavam certos em querer construir um lar harmonioso e feliz. As afinidades que os uniam eram muito fortes; apesar das dificuldades enfrentadas, não esmoreciam.

Por isso, Áurea olhava com afeto e respeito para a mulher que agora tinha o filho nos braços, oferecendo-lhe o alimento. Não tardou muito para que Alberto assomasse à porta e convidasse a nora e o neto para um passeio. Ambos seguiram com ele. Bernardo teria mais espaço para brincar em um dos parques da cidade.

Ronie prosseguiu em sua conversa com a mãe. Também identificava nela mudanças significativas, principalmente no que tangia a sua reação diante do desenlace de sua irmã, Dulcina.

Sim, a tia amada desencarnara há precisamente três meses, porém não deixara um rastro de dor e pesar nos corações dos que com ela conviveram. Áurea esboçava reação totalmente diferente do que costumava acontecer anteriormente, em vista da partida de algum ser amado.

Saudades sentia, por certo, de sua irmã, amiga, confidente, a tão estimada doceira que não sabia todas as respostas, mas que era incansável na arte de despertar esperanças nas pessoas, para que elas descobrissem por si mesmas os melhores caminhos a seguir. Sim, Dudu fazia isso com primazia, todos reconheciam. Sempre lúcida e firme, auxiliara muitas pessoas desesperadas e inconformadas.

Não era justo, portanto, que sua partida deixasse revolta e inconformidade diante dos belos exemplos que ofereceu. E quando todos achavam que Áurea não suportaria o duro golpe da partida da irmã, após ter passado pela dolorosa experiência do desencarne de Érica em um acidente de automóvel, surpresa! Para muitos, inclusive para o filho, que a faceava naquele instante, ela apresentava uma reação saudável, tranquila, sem mais a exasperação de outros tempos. Confiava que a irmã rumara para estações melhores. Aprendera muito com ela sobre as realidades da vida extrafísica nas reuniões do Evangelho no Lar, que eram verdadeiros alimentos para sua alma. E relatava ao filho a recordação de uma das últimas conversas que manteve com a irmã, dias antes de sua desencarnação:

– Dudu sabia, filho, que sua partida era iminente, mesmo quando os prognósticos eram favoráveis. "Estou chegando à reta final do meu percurso na Terra", dizia ela, com o bom humor de sempre. Nós não queríamos acreditar, pois ela parecia estar reagindo bem ao tratamento. Falava disso com tanta naturalidade e com tanta certeza de que a vida não se findaria, que a nós todos deixou essa sensação agradável de afastamento temporário, não definitivo. Hoje eu entendo, a esperança do reencontro existe! Érica nos ensinou isso depois que nos enviou a carta psicografada que tanto nos consolou, Ronie!

O filho, ouvindo atentamente as considerações, aproximou-se mais e tomou as mãos da genitora entre as suas, dizendo:

– Estimo sua coragem, mãe! Hoje eu sei que as experiências que vivemos servem para nos ensinar, não para nos castigar. Hoje, você tem uma visão sobre a morte que já não lhe faz sofrer tanto. E isso é maravilhoso! Tenho certeza de que Tia Dudu se orgulha de suas palavras e das suas atitudes!

Áurea olhou para o velho relógio pendurado na parede. Já era chegado o momento de realizar o Evangelho no Lar. Ela convidou o filho para participar das leituras, comentários e preces. Assim, deram continuidade à prática tão salutar, legado de Dulcina aos corações amados!

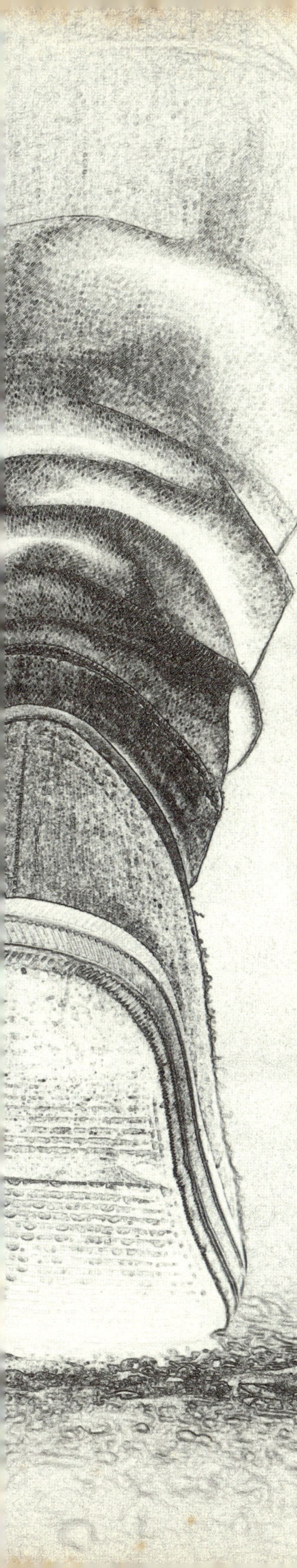

25

Vicente abriu a janela do quarto e saudou, à sua maneira, a manhã radiante de sol que se apresentava aos seus olhos. Estela ainda estava adormecida. Contemplou, ele a bela vista parcial que se tinha da encantadora cidade espanhola de Zaragoza. Haviam chegado dois dias antes e estavam hospedados na residência de um casal de amigos, também brasileiros.

Era o último dia de permanência, pois retornariam ao Brasil na manhã seguinte. Haviam visitado Silvana e Kurz, em Amsterdã, e prosseguiam excursionando pela Europa, sem deixar de visitar os amigos, os quais também hospedavam quando estavam de passagem por São Paulo.

Estela despertou suavemente, sentindo a claridade dos raios do sol em seu rosto. Sentou-se e sorriu para o seu amor. Ele ainda contemplava o céu azul, límpido, certamente traçando planos para passeios na bela cidade, para aproveitar o último dia de permanência da melhor maneira.

Havia neles uma alegria facilmente perceptível! Na tarde anterior, haviam conversado com Viviana e Vítor por meio da Internet. Os jovens estavam felizes por estarem sendo bem sucedidos em suas tarefas na área do Jornalismo e, animados, elaboravam propostas para futuros trabalhos. Da mesma maneira, regozijavam-se em ver Silvana e Kurz construindo uma união sólida e feliz.

"Depois de tantas tempestades, haviam chegado a um porto seguro", concluía o velejador. O amor apresentou-se na vida das filhas de maneira intensa e surpreendente, o que deixava os pais mais tranquilos em relação ao futuro delas e de seus eleitos.

O amor é força viva na criação, sempre presente em todas as ações que emanam da Inteligência Suprema. O amor vivifica, reergue, constrói, é capaz de apontar soluções nunca imaginadas, mas possíveis, todas as vezes em que se abre espaço para ele. O amor soluciona, jamais complica ou entristece.

Quando trilhamos por seus caminhos, jamais nos enganamos. Embora se diga, muitas vezes, que o amor nos induz a erros, na verdade isso ocorre quando existe a ilusão do amor, quando ele é confundido com outros sentimentos.

Viviana sofreu por muito tempo e passou por amargas experiências por confundir amor com desejo de posse. Sua irmã quase perde a chance de ser feliz ao lado de quem amava; felizmente, soube superar hesitações e preconceitos e, corajosamente, imprimira uma mudança profunda em sua vida, vivendo, agora, distante dos seus afetos, porém segura de ter feito uma boa escolha.

O mais nobre dos sentimentos também se fez presente de maneira transformadora nas vidas de Ronie e Daniela, Hélio e Agnes, Osmar e Flora. No plano espiritual, convidava Abel, Cristina e Vitorino ao recomeço em melhores bases.

Tive a oportunidade de acompanhar o reencontro deles, marcado por profunda emoção. Os três haviam se envolvido em complicadas teias de ódio e ressentimento que os conduziram a intensos sofrimentos, tanto físicos, quanto morais. O regresso à vida espiritual facultava-lhes, pouco a pouco, um entendimento mais amplo do que haviam vivido. Então, sob a supervisão dos Instrutores Espirituais, as acusações foram cedendo espaço à compreensão de que deveriam se preparar para trilhar caminhos melhores, rumo ao progresso. Nova encarnação seria planejada, reunindo-os sob o mesmo teto: Vitorino como pai, Abel e Cristina como irmãos. Ela, em virtude de ter a necessidade de corrigir os graves comprometimentos decorrentes do suicídio, renasceria com sérios problemas de saúde, todavia contaria sempre com o zelo e a dedicação do pai e do irmão. Este, por sua vez, renasceria com a tarefa de exercer suas faculdades mediúnicas de maneira mais proveitosa ao bem de todos; tal continuaria sendo o seu compromisso.

E assim seguia o amor, abrindo luminoso espaço na vida de todos, reacendendo esperanças, espargindo luz por caminhos desafiadores, na bendita oportunidade do recomeço!!!

* * *

Em visita à querida Dudu, eu recordava com ela a letra da conhecida canção "Luzes da ribalta", de Charles Chaplin, no trecho que diz:

> Para que chorar o que passou
> Lamentar perdidas ilusões?
> Se o ideal que sempre nos acalentou
> Renascerá em outros corações

Cantávamos abraçadas, felizes com a alegria do reencontro na vida que não se extingue jamais. Pensávamos no quanto é importante seguir com as lições aprendidas a enriquecer nosso patrimônio cultural e afetivo, porém sem apego excessivo ao que passou, sem amarras às experiências malsucedidas, sem receios de que venham a se repetir indefinidamente. Recordava, também, que os grandes inventores não recuaram ante os insucessos e incompreensões que receberam. Se o tivessem feito, não desfrutaríamos, hoje das benesses de suas invenções. Assim sucede a cada um de nós nos desafios diários que nos surgem, tanto nos grandes quanto nos pequenos eventos com os quais nos deparamos na nossa caminhada, na vida física ou na espiritual.

Vitoriosos seremos todos nós, um dia, é o que o futuro nos reserva depois de alcançarmos a libertação de tudo quanto tem nos impedido o pleno progresso! Vitoriosos seremos quando nos deixarmos envolver pelo amor em plenitude, pela certeza da Justiça Divina, sempre sábia a atingir a todos nós, proporcionando-nos o aprendizado necessário. Vitoriosos seremos quando soubermos expressar gratidão ao Criador por toda sorte de vivências que nos oportunizam o autoconhecimento, o desabrochar de nossas potencialidades, sempre sob o olhar terno e vigilante do Senhor dos Mundos!

Sim, é uma jornada infinita a nos convidar a seguir sempre em solidariedade uns aos outros, aprendendo e amando a todos com os quais tivermos a oportunidade de conviver. Nossos caminhos se cruzam, encontros preciosos acontecem, sempre com uma justa razão.

Tive a oportunidade bendita de relatar aos queridos companheiros de experiência, contando com o auxílio de outros tantos estimados amigos da Vida Maior, alguns lances da trajetória de pessoas com as quais muito aprendi. Espero com isso ter colaborado também com a sua vivência, querido leitor. A partir de agora, passamos a fazer parte um do viver do outro, dividindo conhecimentos, somando emoções.

Sou muito grata pela permissão de transmitir, via mediúnica, um pouco desse aprendizado infinito que venho realizando. Cada palavra foi aqui registrada com imenso amor, com a esperança de que "o ideal que nos acalenta renasça em outros corações", enquanto estamos a caminho!